SOMMAIRE

MÉLANCOLIE
LES MÉTAMORPHOSES DE LA DÉPRESSION

Hélène Prigent

DÉCOUVERTES GALLIMARD
RÉUNION DES MUSÉES NATIONAUX
ARTS

La dépression, terme qui recouvre aujourd'hui celui de mélancolie, n'est que la patine d'un monument vieux de plus de deux mille ans, auquel chaque époque a apporté sa pierre. Ce qu'est la mélancolie, et qui affleure encore sous la persistance du mot, évoque une réalité complexe que seule l'histoire du mot et des différents sens qu'il a successivement pris éclaire.

CHAPITRE 1

ANATOMIE DE LA MÉLANCOLIE

Une femme dont la tête penche vers sa main droite sur une stèle funéraire (page de gauche), Oreste plongé dans l'affliction devant la tombe d'Apollon sur une céramique (ci-contre), ces manifestations liées au chagrin et à la mort sont aujourd'hui naturellement comprises dans la sphère mélancolique. Comment ce lien s'est-il constitué ?

L'apport gréco-romain : la bile noire

L'histoire de la mélancolie commence à l'aube du IVe siècle av. J.-C., en Grèce. C'est là en effet qu'apparaît pour la première fois le mot « mélancolie » (*melankholia* en grec). Formé par l'association de deux termes, *kholê* (bile) et *mêlas* (noir), il signifie littéralement « bile noire ». Traduit en latin à partir du IIIe siècle par *melancholia*, le mot passera dans la langue française au XIIe siècle, sous le vocable « mélancolie ».

L'apparition de la mélancolie coïncide avec les premières définitions de l'homme énoncées par les penseurs grecs. Après avoir cherché à déterminer les lois régissant la nature, ils se tournent vers l'individu, utilisant les principes dégagés pour celle-ci pour définir celui-là. Comme la nature comprend quatre saisons et la matière quatre qualités fondamentales (le chaud, le froid, le sec et l'humide), l'homme, pensent-ils, doit aussi être mû par quatre éléments. Ainsi, à l'aube du IVe siècle av. J.-C., dans un écrit intitulé *De la nature de l'homme,* Hippocrate ou son gendre Polybe, on ne sait, isole dans le corps humain quatre « humeurs » : trois substances résiduelles censées provenir de la partie des aliments non digérée par le corps – la bile noire (appelée « mélancolie »), la bile jaune et la pituite (ou flegme) – auxquelles on ajoute le sang pour faire bonne mesure et parvenir au chiffre quatre, réputé idéal. « Le corps de l'homme a en lui du sang, du flegme, de la bile blonde et noire. C'est

En attribuant à une substance physique des symptômes psychologiques, l'invention de la bile noire range l'origine de la mélancolie du côté du corps. Dès lors, les traitements de la maladie vont relever d'une thérapeutique corporelle : quelques-uns s'attachent à calmer l'échauffement ou au contraire le refroidissement de la substance par des bains de température opposée ; la plupart, cependant, visent à évacuer l'excédent de bile noire de l'organisme où elle s'est manifestée.

ΓΟΥΣ ΠΕΡΙ ΧΥΜΩΝ
RATIS COI LIBER
De Humoribus.

cela qui constitue la nature du corps, et c'est par cela que le corps souffre ou est en bonne santé. » La santé se définit en conséquence par l'équilibre des quatre humeurs, tandis que la maladie provient de la prédominance de l'une d'entre elles. La bile noire, ou mélancolie, désigne ainsi à la fois une substance naturelle dans le corps et la maladie liée à l'excès de cette substance.

Qu'il s'agisse de la saignée (page de gauche) ou du vomissement (ci-dessous), les traitements de la mélancolie sont d'abord des purgatifs visant à éliminer le surplus de bile noire du corps du malade. L'humeur naturelle est ainsi vécue comme une substance corruptrice, capable de prendre possession du corps et de l'esprit d'un individu, parfois sans retour. À cet égard, l'évacuation de la bile noire correspond véritablement à une purification du corps.

Une étrange substance

À quelle occasion cette étrange bile noire a-t-elle été repérée ? On suppose généralement que son existence fut déduite de l'observation de vomissements de couleur sombre. Ceux-ci furent rapportés à la rate, où les Grecs situaient le siège de la bile noire, parce que la rate, tout comme elle, présente une couleur brune qu'ils avaient pu observer au cours de dissections.

Cependant, à lire les premières descriptions de la bile noire, on se prend à douter que la substance ait jamais pu être observée, tant elle paraît immatérielle.

Dans *Les Trachiniennes* de Sophocle, l'adjectif *melancholos* désigne le poison mortel du sang de l'hydre de Lerne dans lequel Héraclès trempe ses flèches. Chez Aristote, la bile noire réussit ce prodige d'être « trop froide et trop chaude », parce qu'elle consiste en un mélange instable aux variations fulgurantes du fait qu'il est mû par l'air censé circuler dans le corps. Elle n'est pas moins redoutable pour le médecin : au IIe siècle, Galien en fait un « acide » puissant qui « mord et attaque la terre, se gonfle, fermente, fait naître des bulles... » Les vapeurs toxiques qu'elle dégage montent vers le cerveau et, « de même que les ténèbres extérieures inspirent la peur à presque tous les hommes, [...] de même la couleur de la bile noire, en obscurcissant comme le font les ténèbres le siège de l'intelligence, engendre la crainte ».

Héraclès (ci-dessus) est l'un des héros mélancoliques cités par Aristote. Pourquoi mélancolique ? Parce qu'il connut un accès de fureur, suscité par Héra, au cours duquel il tua sa femme et ses enfants. Rendu à la raison, il éprouva une profonde dépression jusqu'à ce que la pythie de Delphes l'envoyât au service d'Eurysthée effectuer les Douze Travaux qui feront sa gloire. La mélancolie du héros tient ainsi à la fureur qui le fit sortir de lui-même.

Une force métaphorique

Qu'elle ait été ou non observée, la bile noire est présente dans toutes les descriptions de la maladie mélancolique. Elle est évoquée chez les partisans de la théorie humorale, qui lie les maladies aux humeurs, mais, paradoxalement, elle l'est aussi par les détracteurs de la même théorie, pour qui la bile noire n'est pas la cause de la mélancolie. Les premiers en font une substance tellement variable qu'elle frôle l'irréalité, les seconds au contraire ne lui reconnaissent aucun des pouvoirs que les premiers lui accordent, sans doute parce qu'ils la voient pour ce qu'elle est : une bile de couleur sombre. Tous cependant s'accordent sur un point : la maladie appelée mélancolie est impensable sans le recours à la bile noire. C'est donc bien d'abord un nom, plus qu'une substance réelle, qui semble importer, et derrière lui, cette couleur noire qui lui est attachée, sorte de puissance métaphorique susceptible d'expliquer l'inexplicable et finalement de fonder le consensus qui s'établit sur le terme, indépendamment du rôle de la substance qu'il désigne.

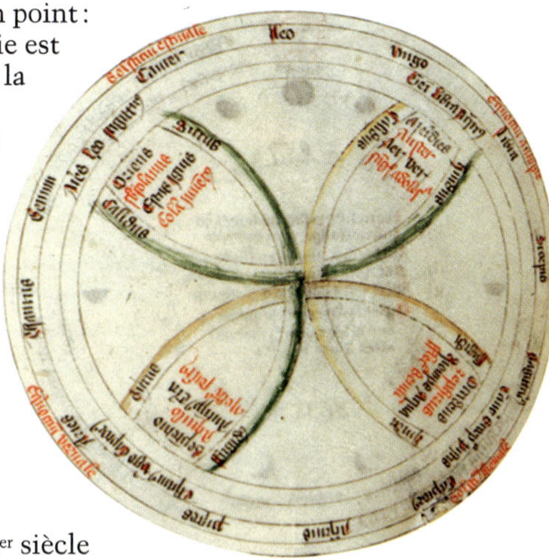

C'est ce qu'indique dès le Ier siècle le médecin romain Archigène d'Apamée : « Pour d'autres, il n'y a ni flatuosité ni bile noire, mais rage excessive, chagrin, profond abattement ; et nous appelons ceux-là mélancoliques, utilisant "bile" pour dire rage, et "noire" pour exprimer la force et le caractère malfaisant de cette colère. »

D'ailleurs, lorsque, aux XVe et XVIe siècles, le philosophe Marsile Ficin et l'alchimiste Agrippa de Nettesheim définissent une mélancolie positive, ils l'attribuent finalement à une bile blanche et non à l'habituelle bile noire.

La mélancolie ne s'affranchira jamais de la bile noire qui la fonde. Les deux plus célèbres tentatives pour lui substituer un mot détaché de toute référence à la bile noire échouent : celle de Cicéron, au Ier siècle av. J.-C., qui, sur l'affinité de la mélancolie avec la folie,

“Le malade [...] a des visions effrayantes, des songes affreux, et parfois, il voit des morts. [...] À ce malade, on fera boire l'ellébore.”

Hippocrate, *Des maladies*

Spécifique de la bile noire, l'ellébore est une plante dont la racine possède des propriétés purgatives (ci-contre). Comme la théorie reliant les éléments aux humeurs (en haut), l'ellébore sera en usage jusqu'au XIXe siècle.

proposait de remplacer le terme de « mélancolie » par celui de « fureur », « comme si l'intelligence était seulement perturbée par la bile noire et non pas, dans la plupart des cas, par un excès de colère, de crainte ou de ressentiment » ; celle du médecin Esquirol, au XIXe siècle, qui vise à établir une nouvelle appellation, la lypémanie, sur les territoires de la mélancolie. Le terme a aussi résisté à l'abandon de la théorie des humeurs qui fondait son emploi. Aujourd'hui encore, dans le langage courant, des expressions comme « avoir les idées noires », « se faire de la bile », témoignent de la permanence des associations qui semblent avoir présidé à la naissance du mot « mélancolie ». Mais aussi bien, la bile noire, censée éclairer l'origine de la maladie, n'évoque en réalité qu'une obscurité originelle. Que recouvre-t-elle cette mélancolie qui s'est trouvé pour masque la plus obscure des substances ?

Humilié, puis fou, désespéré enfin (ci-dessous), Ajax se résout à mourir. Un sang noir coule alors de son corps, écrit Sophocle, sans préciser s'il s'agit de bile noire. Après la mort d'Ajax, la communauté des guerriers refuse d'accorder une sépulture au héros et seule l'intervention acharnée de son épouse permettra de l'obtenir. Ce qui se révèle aussi dans la mélancolie antique, c'est moins la crainte de la mort elle-même que celle d'une mort sans sépulture, c'est-à-dire sans mémoire.

L'état mélancolique

« Si crainte et tristesse durent longtemps, un tel état est mélancolique », telle est la première définition que l'on connaît de la mélancolie. Tirée des *Aphorismes* d'Hippocrate, elle inaugure le diagnostic traditionnel d'un état dont les symptômes sont définis pour la première fois : tristesse et crainte. Cependant, à cette première approche, clinique, s'en superpose très vite une seconde, philosophique cette fois, et qui la déborde. Elle figure dans un texte issu du cercle aristotélicien, le *Problème XXX*, dont l'attribution à Aristote est encore débattue. Ce texte en tout cas n'envisage plus le mélancolique sous l'angle de la maladie mais sous celui du génie : « Pour quelle raison tous ceux qui ont été des hommes d'exception, en

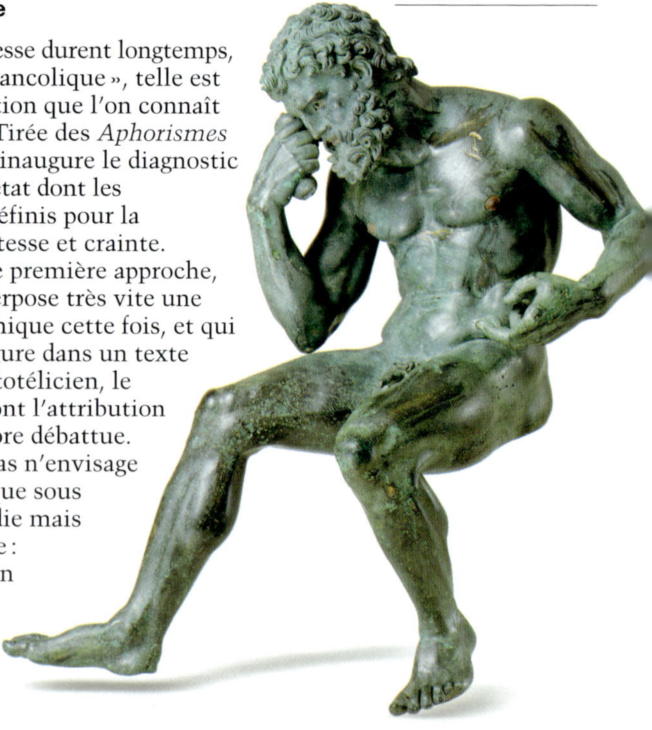

ce qui regarde la philosophie, la science de l'État, la poésie ou les arts, sont-ils manifestement mélancoliques, et certains au point d'être saisis par des maux dont la bile noire est l'origine ? » Plus large que le diagnostic d'Hippocrate, cette conception est aussi plus ambivalente et le mélancolique y occupe une position pour le moins instable : menacé par l'hébétude ou la terreur si la bile noire, froide par nature, est en excès dans son organisme, guetté par la folie et le suicide si elle est trop chaude, il peut néanmoins accéder à un état d'exception, c'est-à-dire au génie, pour peu que l'échauffement de la bile se soit arrêté, « dans sa poussée, à un état moyen ».

À température moyenne, en effet, la bile a le pouvoir d'engendrer chez le mélancolique « des états de toutes sortes ». Si l'auteur précise que cette mélancolie inspirée n'est pas pathologique, il n'explique pas en revanche en quoi la multiplicité des états que peut connaître le mélancolique a partie liée avec le génie. Les textes d'Aristote éclairent ce lien.

Comme Ajax, cet hoplite tué en mer lors de la bataille de Corinthe (représenté ici sur sa stèle funéraire), adopte la pose qui deviendra l'emblème de la mélancolie, la tête appuyée au creux de sa main droite, symbole de tristesse mais aussi de l'unité corporelle qui va se défaire dans la mort. Une ode d'Horace, composée trois siècles plus tard, pourrait résumer la pensée du mort : « Mais toi, marin, ne sois pas avare, ne refuse pas d'accorder à mes os et à ma tête sans sépulture quelques grains de ce sable vagabond. »

Neuf Muses naquirent de l'union de Zeus et Mnémosyne : ici, de gauche à droite, Calliope-l'Éloquence, Melpomène-la Tragédie, Thalie-la Comédie, Euterpe-la Musique, Clio-l'Histoire, accoudée à une colonne, Polymnie-la Rhétorique, Erato-l'Élégie, Uranie-l'Astronomie, Terpsichore-la Danse.

Le génie : mémoire et imagination

Dans son traité *De la divination*, Aristote caractérise les mélancoliques par leur propension « à suivre leur imagination », l'imagination étant entendue ici au sens de mouvement par lequel toutes les sensations perçues par l'individu s'impriment dans sa mémoire sous forme d'images, de la même façon qu'un sceau apposé sur un bloc de cire y laisse une empreinte. L'imagination est donc inséparable de la mémoire. De fait, dans le *Théétète*, c'est la mémoire que Platon nomme « la mère des Muses », puisqu'elle conserve les images des Idées, ces entités divines qui préexistent à la naissance de l'individu, et d'où procède l'âme. L'imagination inspirée, la « fureur divine », correspond pour Platon à l'envol de l'âme en dehors du corps – l'*ekstasis* – vers cette connaissance antérieure d'où elle provient et à laquelle elle ne peut cesser d'aspirer. Aristote, s'il réfute l'existence d'un monde des Idées accessible à l'homme, n'en aboutit pas moins à la même conception qui fait de la mémoire l'origine de toute création : les images qui y sont conservées, en permettant au poète de se mettre « le plus possible les situations sous les yeux », le transportent littéralement dans un autre état, celui de tel personnage ranimé par le poète, de tel autre protagoniste... Les « états de toutes sortes » que connaît le mélancolique grâce aux variations de la bile noire s'identifient ainsi à ceux auxquels

accède le poète par l'intermédiaire de la mémoire et de l'imagination, états dont la connaissance fonde la vérité de son œuvre.

La mélancolie, métaphore de l'imagination inspirée

La bile noire du *Problème XXX* se présente en définitive comme une métaphore de l'imagination, dont elle serait le ferment physiologique. De fait, les puissances de l'imagination recoupent très exactement les affres auxquelles est soumis le mélancolique dans le *Problème XXX* : que l'imagination envahisse tout son être, et il sombre dans la torpeur ; qu'elle l'entraîne sur les voies de l'illusion et de l'erreur, et il devient fou ; qu'enfin elle lui permette d'accéder à l'exaltation sans l'y enfermer, et il touche au génie. À partir d'Aristote, la mélancolie est clairement associée à l'imagination. La mélancolie est « un abattement, consécutif à une quelconque imagination », affirme le médecin Archigène. « Ceux dont l'intelligence est très fine et pénétrante tombent facilement dans la mélancolie, par la raison qu'ils ont des gestes prompts et qu'ils sont toute préméditation et imagination », enchérit Rufus d'Éphèse, dont la pensée, reprise par Galien, sera transmise à l'Occident.

De leur mère, Mnémosyne (ci-dessus), fille d'Ouranos, le Ciel, et de Gaïa, la Terre, les Muses ont hérité la mémoire : elles connaissent « tout ce qui a été, tout ce qui est, tout ce qui sera ». Pour mémoriser leurs discours, les rhéteurs (Polymnie, page de gauche, une main soutenant son menton) inventèrent un « art de la mémoire », ainsi résumé par Cicéron : « Choisir en pensée des lieux distincts, se former des images des choses qu'on veut retenir, puis ranger les images dans les divers lieux. Alors [...] les images rappellent les choses elles-mêmes. »

Même les stoïciens, qui expliquent que « le sage ne peut sombrer dans la folie », admettent néanmoins que « peuvent fondre sur lui des imaginations étranges en raison d'une mélancolie ou d'un délire fébrile ».

La double tradition de la mélancolie dans l'Antiquité – génie et maladie – tient ainsi tout entière dans l'ambivalence de l'imagination, et selon que l'on privilégie les séductions qu'elle propose ou les dangers qu'elle comporte, la mélancolie sera perçue comme le signe du génie ou au contraire le symptôme d'une pathologie.

On ne connaît guère de représentations de la mélancolie contemporaines des écrits d'Aristote. Tout au plus peut-on trouver des portraits de mélancoliques cités dans le *Problème XXX*: Ajax, Bellérophon, Héraclès... L'Antiquité grecque n'en est pas moins à l'origine d'un modèle iconographique qui, à partir du Moyen Âge, sera étroitement lié à la figuration de la mélancolie. Présent sur nombre de monuments funéraires, il montre un personnage assis, la tête appuyée sur la main, dans une attitude de méditation sur la mort.

En Syrie, des communautés d'ascètes se forment dès le IIIe siècle. Parmi elles, les Veilleurs (en haut) opposent au sommeil du péché l'éveil spirituel. Au IVe siècle, ils se retirent dans le désert.

L'apport du christianisme : l'*acedia*

Loin des rivages de la Grèce, une nouvelle étape dans la définition de la mélancolie s'accomplit dans les déserts d'Égypte et de Syrie. Au début du IVe siècle, des chrétiens décident de pratiquer l'anachorèse, c'est-à-dire de se retirer dans le désert pour rompre avec une société qu'ils jugent à l'agonie. Entre ce moment qui voit naître les premières vocations de vie dans le désert – celles d'Antoine, de Pacôme, de Macaire... – et la fin des années 300, de véritables foyers d'anachorètes voient le jour, dont les plus importants, Nitrie et les Kellia, au sud-est d'Alexandrie, comptent respectivement, selon

l'évêque Pallade, 5 000 et 650 moines. C'est dans ces lieux désertiques que les anachorètes font l'expérience d'une mélancolie particulière : l'*acedia*.

Petite histoire du mot

Le mot *acedia* vient du grec classique *akêdia*, qui signifie « négligence », « indifférence », ou « chagrin ». Rarement utilisé dans les écrits grecs profanes – on trouve cependant l'adjectif chez Homère, pour qui il désigne l'état d'une dépouille sans sépulture, et le nom chez Empédocle qui en fait l'indifférence à l'égard d'une chose, et chez Hippocrate pour qui il signifie le chagrin éprouvé en soi –, le terme est mentionné à plusieurs reprises dans la version grecque de la Bible des Septante, en particulier dans les Psaumes et dans Isaïe, où il signifie « chagrin », « abattement » ; en copte, il est traduit par « lassitude du cœur », en syriaque par « brisement », « abattement de l'esprit », ou encore « ennui ».

Le désert dans la Bible est un lieu ambivalent : c'est là que le Christ subit la tentation, là aussi qu'il se réfugie et va chercher la solitude. Au IIIe siècle, pendant les persécutions, le désert, et notamment la Thébaïde, partie méridionale de la Haute-Égypte, dont la capitale était Thèbes, est le refuge de nombre de chrétiens. Au IVe siècle, elle devient un lieu d'exil volontaire. Au Moyen Âge, le terme thébaïde est un nom commun, qui finit par désigner une retraite vouée à la solitude et à la méditation (ci-dessus).

À partir du IIIe siècle, sous la plume d'Origène, puis sous celle d'Athanase, dans sa *Vie d'Antoine* – ce dernier étant considéré par la tradition comme le premier anachorète –, l'*acedia* est mentionnée parmi les effets engendrés par les démons.

Mais c'est un ancien diacre à Constantinople, Évagre le Pontique, retiré en 383 au désert où il passa la fin de sa vie, qui est à l'origine du formidable essor de l'*acedia*. Auteur d'une douzaine de traités à l'attention des anachorètes, dans lesquels il les prévient des vices qui les guettent au désert, il fait de l'*acedia* la plus redoutable des tentations.

Dès 414, saint Jérôme mentionne dans une lettre la traduction de l'œuvre d'Évagre en latin. L'*akedia* y devient l'*acedia* et le terme passe en Occident, où le moine italien Jean Cassien, au Ve siècle, assure sa diffusion. L'*acedia* hantera les monastères d'Occident mais aussi la société laïque jusqu'à la fin du Moyen Âge. Le mot pourtant ne sera pas intégré dans la langue française, et si on l'y croise parfois sous la forme « acédie », ce n'est que par une francisation tardive d'un mot latin qui n'a plus cours hors des monastères : l'*acedia* est alors assimilée à la mélancolie.

Théologien brillant, membre éminent de la Cour, Évagre aurait pu passer sa vie à Constantinople. Mais il s'y éprend de l'épouse du préfet de la ville et éprouve alors la tentation. À la suite d'un songe dans lequel il se voit emmené par les soldats puis jeté en prison, il gagne Jérusalem avant de s'installer à Nitrie, puis aux Kellia. Durant les seize années qu'il passe dans le désert, il formule notamment la doctrine des huit péchés capitaux. Reprise par l'Occident, cette doctrine est à l'origine de nos sept péchés capitaux (ci-dessus, représentés sur une peinture murale du sanctuaire de Santa Maria degli Bisognosi, à Pereto).

Le mécanisme démoniaque

Avec Évagre, l'*acedia*, aussi appelée « démon de midi » prend place, en sixième position, dans un catalogue clos de huit vices à l'origine de nos péchés capitaux : « Huit sont en tout les pensées génériques qui comprennent toutes les pensées : la première est celle de la gourmandise, puis vient celle de la fornication, la troisième est celle de l'avarice, la quatrième celle de la tristesse, la cinquième celle de la colère, la sixième celle de l'*acedia*, la septième celle de la vaine gloire, la huitième celle de l'orgueil. » Comment les démons peuvent-ils susciter ces vices dans le désert, où les objets qui leur servent habituellement d'intermédiaires font défaut ? Ils agissent en utilisant les « pensées », c'est-à-dire les « représentations d'objets sensibles ». En effet, selon Évagre, « l'intellect par nature reçoit les représentations de tous les objets sensibles et une empreinte conforme à eux par l'intermédiaire de l'instrument qu'est notre corps ». Et comme « c'est par les sensations que les passions sont naturellement déclenchées », la réactivation de la représentation, c'est-à-dire de l'image, suffit à faire surgir à nouveau la passion.

Réapparaît ainsi la théorie antique selon laquelle les sensations s'impriment dans la mémoire sous la forme d'images. Le mécanisme démoniaque tel que le décrit Évagre recoupe en effet celui de la mélancolie tel qu'Aristote le décrivait : les images conservées dans la mémoire, si elles sont sollicitées,

Si saint Antoine devient le héros des tentations (ci-dessous, une *Tentation de saint Antoine* datée autour de 1520), c'est qu'il est, selon la tradition, le premier anachorète du désert égyptien, le premier, donc, à affronter les créatures du Démon qui peuplent le désert, et à assumer la solitude d'une vie sainte. Dans sa *Vie d'Antoine*, écrite vers 360, Athanase d'Alexandrie relate les visions et tentations – dont l'*acedia* – qui assaillent Antoine et d'où il sort finalement vainqueur grâce à sa piété et sa patience.

suscitent l'imagination, qui s'entend désormais comme le mouvement par lequel l'individu, entraîné par la fascination qu'exercent les images de la mémoire, y répond en créant à son tour de nouvelles images.

Mais là où l'imagination conduisait au génie dans la mélancolie antique, ici elle mène au péché; là, elle accédait à la vérité, ici elle enferme au contraire l'anachorète dans un monde d'erreur et d'illusion. Si l'imagination se définit ainsi comme un moyen proprement démoniaque, à l'origine de tous les vices, reste à définir ce qui, dans l'*acedia*, constitue l'objet de la tentation, autrement dit, quelle est l'image sous laquelle l'*acedia* se présente ?

L'image de l'*acedia*

« Le démon de l'acédie, qui est appelé aussi "démon de midi", est le plus pesant de tous. [...] D'abord, il fait que le soleil paraît lent à se mouvoir, ou immobile, et que le jour semble avoir cinquante heures. Ensuite il le force [le moine] à avoir les yeux continuellement fixés sur les fenêtres, à bondir hors de sa cellule, à observer le soleil pour voir s'il est loin de la neuvième heure, et à regarder de-ci, de-là si quelqu'un des frères... En outre, il lui inspire de l'aversion pour le lieu où il est, pour son état de vie même, pour le travail manuel, et, de plus, l'idée que la charité a disparu chez les frères, qu'il n'y a personne pour le consoler. Et s'il se trouve quelqu'un qui, dans ces jours-là, ait contristé le moine, le Démon se sert aussi de cela pour accroître son aversion. Il l'amène alors à

À l'iconographie des *Tentations de saint Antoine* semble répondre celle de personnages bibliques représentés dans la pose mélancolique. En effet, comme la mélancolie antique connaît deux pôles – la fureur, sous l'effet d'une vision trompeuse, et le chagrin, symbolisé par la pose de la tête dans la main –, l'*acedia* comprend deux phases opposées, l'une, « active », caractérisée par les visions suscitées par le Démon, l'autre, « passive », évoquant la pesanteur de la tristesse ou de l'attente.

désirer d'autres lieux […]. Il joint à cela le souvenir de ses proches et de son existence d'autrefois, il lui représente combien est longue la durée de la vie, mettant devant ses yeux les fatigues de l'ascèse ; et, comme on dit, il dresse toutes ses batteries pour que le moine abandonne sa cellule et fuie le stade. »

Cette première définition de l'*acedia* donnée par Évagre ne laisse pas d'étonner et c'est en vain que l'on y cherche la représentation qui déclencherait le vice : nulle image comparable en effet à celles utilisées par les autres démons – celle de « proches malades et courant des dangers sur terre ou sur mer » pour la tristesse, celle de « femmes qui s'abandonnent d'une façon indécente » pour la fornication… Même si dans l'*acedia* l'image du souvenir des proches et de l'existence d'autrefois est mentionnée, elle ne l'est que par surcroît. Ce qui nourrit vraiment le vice, les descriptions ne le révèlent pas.

Certaines représentations peuvent évoquer la langueur et la douleur qui caractérisent le moine en proie à l'*acedia* autant que la tristesse de la mélancolie antique. Ainsi, saint Jean Baptiste, qui mena au désert une vie d'ascète (ci-dessus) ou saint Jean, « le disciple que Jésus aimait » (page de gauche), affligé par la mort du Christ.

Le plus redoutable des vices

L'*acedia* cependant occupe une position cardinale par rapport aux autres vices, Évagre le précise à maints endroits. Ainsi, contrairement aux autres pensées qui atteignent les anachorètes « soit en tant qu'animaux, soit en tant qu'hommes », les pensées qui « proviennent de l'*acedia* » les affectent sur les deux plans, « car elles sont mélangées »; ensuite, alors que les autres démons n'atteignent qu'une partie de l'âme, « le démon de midi a coutume d'envelopper l'âme tout entière et d'étouffer l'intellect »; enfin, à l'inverse des autres vices, le démon de l'*acedia* « n'est suivi immédiatement d'aucun autre ». Un psaume de la tradition orientale explique pourquoi : « À la pensée de l'*acedia* ne succède [...] aucune autre pensée, d'abord parce qu'elle dure, et puis parce qu'elle contient en elle presque toutes les pensées. »

De fait, c'est probablement dans la tradition orientale, et plus précisément dans les textes des milieux juifs de l'époque hellénistique, qu'il faut chercher l'origine de ce vice singulier. Dans l'un de ces textes, intitulé *Testament de Ruben,* qui a sans doute influencé Évagre, on retrouve une liste de « sept esprits de l'erreur ». Six d'entre eux ont des correspondants dans la liste évagrienne; seules la tristesse et l'*acedia* n'y apparaissent d'aucune façon. Mais le rédacteur finit sa liste en ajoutant un huitième esprit : « À tous ceux-là se rattache l'esprit du sommeil, qui est celui de l'erreur et de l'imagination. » Même position dominante qui subsume les autres vices, mêmes manifestations où alternent l'ennui et la fébrilité : l'*acedia* semble effectivement tenir de cet esprit de l'erreur et de l'imagination, et ce trait expliquerait son caractère redoutable : si l'*acedia* n'est pas circonscrite à un type d'image, comme le sont les autres vices, c'est parce qu'elle les contient tous. La passion qu'elle désigne, loin d'être limitée à un objet – la bonne chère pour la gourmandise, les honneurs pour l'orgueil... – réside au contraire dans l'absence d'image première, une sorte de point de fuite entraînant l'intellect d'autant plus loin sur les pentes de l'imagination qu'il n'est fixé nulle part.

L'*acedia* désigne ainsi le mécanisme démoniaque lui-même, un mouvement solipsiste dans lequel les imaginations se répondent les unes aux autres,

À partir du XVe siècle, les représentations de saint Antoine connaissent un immense essor en Occident, fournissant à des peintres comme Martin Schongauer, Niklaus Manuel Deutsch, Matthias Grünewald, Jérôme Bosch et Jan Mandyn (ci-dessus) l'occasion d'une série d'inventions sur l'iconographie des démons. Personnifiées par des êtres hybrides, les tentations sont d'abord des images qui frappent par leur bizarrerie et leur caractère inquiétant.

suscitant sans fin de nouvelles images. C'est d'ailleurs bien dans cette veine que les artistes de la fin du Moyen Âge interprètent les tentations de saint Antoine. Ils ne figurent pas tel ou tel vice mais, la plupart du temps, confondues à l'extrême, toutes les créatures monstrueuses de l'enfer, toutes les aberrations d'imaginations malades.

Si l'*acedia*, comme la mélancolie antique, trouve son fondement dans les pouvoirs de l'imagination, le voyage que faisait l'âme dans la mélancolie s'est transformé en errance dans l'*acedia*. Dans l'une comme dans l'autre, cependant, le point d'origine se dérobe. À l'obscurité de la bile noire qui masquait l'origine de la mélancolie répond l'indétermination première qui caractérise l'*acedia*. Trouver une cause à ces deux états engendrés par l'imagination que sont la mélancolie et l'*acedia*, c'est précisément la tâche à laquelle va s'employer le Moyen Âge.

Purs produits de l'imagination visuelle de l'artiste, les tentations retrouvent l'essence même de l'*acedia*, qui consistait précisément dans un délire imaginaire. Mais l'interprétation morale de cette imagination débridée est, elle, sans ambiguïté : dans l'œuvre de Mandyn, *La Tentation de saint Antoine* (1540-1550), la Mort fait face au saint, figurée sous la forme d'un squelette tenant d'une main un miroir, emblème de la vanité, de l'autre, un sablier, symbole de l'inéluctable trépas.

Transmises au Moyen Âge occidental, la tradition grecque de la mélancolie et la tradition orientale de l'*acedia* font l'objet d'un long travail de réflexion morale. Sous la double tutelle de Saturne et de Satan, elles finissent par désigner les pires des maux qui peuvent s'abattre sur l'individu.

CHAPITRE 2

LA FAUTE MÉLANCOLIQUE : SATURNE ET SATAN

La pose mélancolique (page de gauche) qui, dans l'Antiquité, n'évoquait que la méditation et la tristesse, se voit de plus en plus souvent dotée d'une connotation morale négative au cours de la période médiévale. Ainsi, dans ce détail du tableau de Bruegel l'Ancien *Les Proverbes flamands* (ci-contre), daté de 1559, c'est désormais le diable qui est figuré dans la pose mélancolique.

Satan et l'*acedia*

Parce qu'elle relève des humeurs, la mélancolie appartient d'abord au corps (ci-contre, *L'Homme écartelé entre les éléments*). L'*acedia*, en revanche, est un péché dont le corps n'est que l'instrument (ci-dessous, un moine en proie à l'*acedia*).

Reprise dès le début du Ve siècle par le moine italien Jean Cassien, l'*acedia* passe à l'Occident médiéval. Mais si Cassien reprend à Évagre « le dégoût ou l'anxiété du cœur » pour caractériser le vice, il réduit aussi sa portée. Non seulement Cassien ne confirme pas la position ontologique que l'*acedia* occupait dans la tradition orientale, mais il rapproche en outre le vice de la tristesse. Moins de deux siècles plus tard, cette affinité convainc Grégoire le Grand

de supprimer l'*acedia* de sa nouvelle liste de péchés capitaux et d'intégrer ses effets dans ceux de la tristesse. À sa suite, nombre d'auteurs excluent l'*acedia* de leurs listes de péchés tandis que d'autres, comme Alcuin, Jonas d'Orléans et Raban Maur, l'y conservent.

Au XIIe siècle, la première liste faisant état non plus de huit, mais de sept péchés capitaux, celle d'Hugues de Saint-Victor, mentionne l'*acedia*. Mais le vice n'y est plus défini que comme « une tristesse née de la confusion de l'esprit, un dégoût ou une amertume immodérée de l'âme ». Au XIIIe siècle, Thomas d'Aquin fixe dans sa *Somme théologique* la

définition de l'*acedia* qui vaudra pour l'ensemble de l'Occident médiéval : il s'agit d'une « tristesse accablante qui produit dans l'esprit de l'homme une dépression telle qu'il n'a plus envie de faire quoi que ce soit, à la manière de ces choses qui, mordues par l'acide, deviennent toutes froides : et c'est pourquoi l'*acedia* produit un dégoût de l'action ». Cette mention de l'acide rappelle inévitablement la description que donnait Galien de la bile noire et aurait pu conduire à l'assimilation de la mélancolie et de l'*acedia* monastique. Jamais pourtant les deux notions ne seront assimilées : la mélancolie peut tout au plus favoriser l'*acedia*, en aucun cas elle ne saurait se confondre avec elle. C'est déjà ce qu'affirmait au Ve siècle saint Jérôme, mettant en garde les ermites contre une mélancolie engendrée par l'épuisement et la tristesse, tout en précisant que la maladie « nécessite moins nos conseils que les remèdes d'Hippocrate ». Au XIIe siècle, cette approche n'a pas changé, et si David d'Augsbourg désigne les hommes que rongent « de noires vapeurs » comme des proies idéales pour l'*acedia*, il ne confond jamais les deux termes. Quant à Thomas d'Aquin, au siècle suivant, il ne prend même pas la peine d'examiner le lien entre *acedia* et mélancolie. La mélancolie, pour la scolastique, reste inassimilable au péché spirituel qu'est l'*acedia*.

Dans cet *Arbre des vices* daté autour de 1300 (ci-dessus), l'apparition de l'*acedia* (en haut, à droite) aux côtés de la luxure et de la gourmandise, range le vice parmi les péchés de la chair (*fructus carnis*). L'*acedia* y gouverne en outre sept autres péchés : l'errance de l'esprit, l'oisiveté, la tristesse, le désespoir, l'oubli des vertus, le manque de foi et la pusillanimité.

L'assimilation de l'*acedia* à la mélancolie

Pourtant, à partir du XIIIe siècle, les moralistes laïcs s'emparent de l'*acedia* pour l'appliquer non plus aux moines retirés du monde, mais à tous les hommes vivant dans le siècle. Or, si la fonction du moine est la prière et l'exercice du bien divin, celle du laïc est avant tout le travail, et là où la tristesse perçue comme refus du bien spirituel caractérisait dans l'*acedia* monastique le manquement pour le moine, c'est l'oisiveté qui va concrétiser le défaut pour le laïc. Au passage, l'*acedia* perd toute connotation spirituelle pour devenir une paresse indéterminée. Un homme effondré sur sa chaise, la tête appuyée contre un oreiller, une femme distraite de son ouvrage, tandis que son regard se perd dans une rêverie vague et qui semble sans objet, tels sont désormais les poncifs de l'iconographie de l'*acedia*. L'imagination trompeuse et dévastatrice des *Tentations de saint Antoine* s'est muée dans les représentations laïques en une rêverie sans objet ni image, mais une rêverie néfaste, comme en témoigne la quenouille, attribut traditionnel des mauvaises fées qui dévident et rompent le fil des destinées humaines. Au XIVe siècle, les deux termes deviennent interchangeables. Dans *Mon secret*, le poète italien Pétrarque met ainsi les deux mots dans la bouche de saint Augustin en un fulgurant retour en arrière de près de dix siècles : « Tu es atteint d'une terrible maladie de l'âme, la mélancolie, […] qu'on nomme maintenant "acédie". »

À partir du XIVe siècle, les représentations du tempérament mélancolique (page de droite, en bas) et de l'*acedia* (ci-dessous) tendent de plus en plus à se confondre. À la fin du XVIe siècle, l'assimilation est réalisée.

Le tempérament mélancolique

Comme l'*acedia*, la mélancolie fait l'objet d'une réinterprétation par les théologiens du Moyen Âge. Mais il ne s'agit plus de

L'iconographie de l'*acedia* et celle de la mélancolie empruntent désormais les mêmes attributs – la quenouille, emblème du temps qui s'écoule –, et les mêmes attitudes – l'affaissement des corps. Dans sa table des *Sept Péchés capitaux* (ci-contre et détail page de gauche, 1475-1480), Jérôme Bosch effectue une véritable synthèse des deux iconographies en mêlant le chien et la bourse propres au mélancolique, l'oreiller du moine en proie à l'*acedia* et la quenouille, qui est devenue un emblème des deux états. Mais ici, c'est désormais un bourgeois, comme l'indiquent l'habit et la dague, et non plus un moine, qui incarne le vice.

la mélancolie liée au génie telle qu'Aristote l'avait définie, car si le Moyen Âge vénère une création, c'est d'abord celle de Dieu. Aussi, les mentions du *Problème XXX* sont rares à l'époque médiévale et, la plupart du temps, pour faire montre d'érudition, rien de plus. La mélancolie dont hérite le Moyen Âge ne se réduit pas pour autant à la maladie telle que la théorie humorale d'Hippocrate l'avait décrite. À la fin de l'Antiquité, les quatre humeurs ont donné naissance au système des quatre tempéraments, qui réunit deux traditions distinctes : la théorie des humeurs, à la base de la médecine antique, et la physiognomonie, qui, chez l'homme sain cette fois, relie les traits physiques, et notamment physionomiques, de chaque individu à des caractéristiques psychologiques. Le système des tempéraments distingue ainsi quatre profils fondamentaux : le sanguin, le flegmatique, le colérique et le mélancolique.

Mais la physiognomonie a beau s'intéresser à l'homme sain, elle reste largement tributaire de la pathologie humorale. Ainsi le mélancolique se voit doté de toutes les tares engendrées par la bile noire, comme en témoigne l'un des premiers traités présentant le système des quatre tempéraments, *De la constitution de l'Univers et de l'Homme*, écrit à la charnière du IIe et du IIIe siècle : « ceux qui sont gouvernés par la bile noire sont indolents, timides, souffreteux, et en ce qui concerne leurs corps, ils ont le teint bistre et le cheveu noir ».

Le système des quatre tempéraments est transmis directement du Bas-Empire romain au reste de l'Occident au VIe ou au VIIe siècle. Dès cette époque, Isidore de Séville trouve dans le mot *melan* (« noir »), qui désigne la bile du mélancolique, l'étymologie du mot latin *malus* (« mauvais », « malade »), et cette invention témoigne déjà de la connotation négative qui pèse sur le tempérament mélancolique.

Même si, au XIIe siècle, la représentation du mélancolique la tête appuyée au creux de sa main n'est pas encore totalement fixée, il est significatif de voir Adam et Ève figurés dans cette posture. Sur le portail principal de l'église San Zeno, à Vérone, Adam, dans cette attitude, semble rêver (ci-dessus). C'est au contraire les yeux grands ouverts qu'apparaît l'Ève sculptée par Gislebertus au linteau du portail nord de la cathédrale d'Autun, au moment où, flottant parmi les végétaux, elle frôle le serpent (à gauche).

La mélancolie, sanction de la Chute

À partir du XIIe siècle, la philosophie scolastique réinterprète les quatre tempéraments dans une échelle de valeurs chrétiennes. Le tempérament sanguin se voit promu au rang de tempérament naturel, c'est-à-dire de tempérament d'avant la Chute, tandis que les trois autres sont considérés comme des formes dégénérées résultant du péché originel. Mais parmi eux, le mélancolique est le plus durement sanctionné : « Par le sang, tu as jadis goûté à la douceur de l'amour, mais maintenant la bile noire, ou "melancholia", te fait éprouver la tristesse de tes péchés », écrit Hugues de Fouilloi. Et la mystique Hildegarde de Bingen : « Ainsi, quand Adam eut connaissance du bien et, en mangeant le fruit, fit le mal, dans le cœur de son changement la mélancolie surgit en lui. » Le mélancolique est véritablement une créature déchue qui porte sur elle toutes les traces de sa noirceur : issus de l'haleine même du serpent, les mélancoliques, « dont le cerveau est gras, [...] ont au visage un teint sombre, en telle manière que même leurs yeux sont enflammés et comme de vipère, et ils ont les veines fermes et grosses, lesquelles contiennent un sang noir et épais, et ils ont les chairs épaisses et fermes, et les os épais, qui renferment peu de moelle, laquelle pourtant brûle si fort qu'avec les femmes ils sont sans retenue, comme des animaux et comme des vipères [...] ».

Christianisée, la mélancolie entre dans le même champ de références que l'*acedia*. Interprétée comme une sanction de la tentation originelle, celle qui, à l'instigation du serpent, poussa Ève à accepter le fruit défendu, et Adam à le mordre, elle se définit désormais, à l'instar de l'*acedia*, comme un péché. À partir du XVe siècle, *acedia* et mélancolie sont tellement liées que l'on peut représenter la punition de ceux qui se sont rendus coupables d'*acedia* par leur abandon aux morsures des serpents : ci-dessous, la punition des acédiques dans le *Livre d'or* de Philippe le Bon.

« Dame Mérencolye »

À la fin du Moyen Âge, la diffusion du système des quatre tempéraments dans les almanachs et autres ouvrages de vulgarisation fixe l'image du tempérament mélancolique : « Le mélancolique est froid et sec, comme la terre, et toujours a le cœur amer. Demeure pâle et maigre et paraît anéanti, et il est tenace, cupide et avare : et il vit en la plainte, peine, douleur et deuil, et à son infirmité il n'y a pas de remède : il est solitaire et semble un homme monastique, sans amitié, et possède une disposition d'esprit imaginative. »

Bientôt, le profil du mélancolique est tellement répandu que ses caractères suffisent désormais à l'évoquer et il n'est plus besoin de dire ou de montrer les causes de son mal ; si bien que ces mêmes caractères – la solitude, la douleur, le deuil... – finissent par désigner chez les poètes non plus un tempérament immuable, mais une humeur passagère, un « état d'âme ». Le terme peut même s'appliquer à un paysage, une atmosphère... Chez Alain Chartier, secrétaire de Charles VI, chez Charles d'Orléans, chez le roi René d'Anjou et encore chez Boccace, la mélancolie est devenue synonyme de tristesse sans cause. Elle est personnifiée sous les traits d'une « Dame Mérencolye », vieille femme vêtue de haillons, près d'un feu agonisant.

Comme l'attestent la faucille et la gourde, c'est bien le dieu latin des moissons qui apparaît dans cette miniature italienne figurant la planète Saturne, issue d'un manuscrit de l'*Historia Troianorum* (ci-dessus, vers 1350).

Saturne, astre de la mélancolie

C'est aux astrologues arabes que l'on doit la filiation entre Saturne et la mélancolie. Dès le VIIe siècle, les Arabes traduisent et réinterprètent tout un pan de la pensée grecque, et relèvent la similitude de couleur de la bile du mélancolique et de la planète Saturne. À l'influence de l'astre, les astrologues rapportent finalement les manifestations de la bile noire.

Entre 1120 et 1180, un immense travail de traduction rend accessible à l'Occident la pensée grecque traduite par les Arabes, qui y ajoutent notamment ce lien entre Saturne et la mélancolie. Mais en quoi consiste cette influence ? Autrement dit, de quel Saturne s'agit-il ? La sombre planète à révolution lente des astronomes ? le dieu Saturne des Latins ? ou encore le dieu grec Cronos ? À moins qu'il ne s'agisse de l'autre Chronos, dieu du Temps ? Loin d'être une figure univoque, Saturne est en effet la plus ambivalente des planètes.

Présente dans les textes antiques consacrés à Cronos, l'image du dieu dévorant ses enfants n'apparaît dans la tradition iconographique qu'au cours du Moyen Âge, vers la fin du XIVe siècle. Dès lors, la faux du dieu latin des moissons se confond avec l'instrument du dieu du Temps qui apporte la mort. Dans la gravure de Virgil Solis (ci-dessous, vers 1560), la jambe gauche du dieu, soutenue au niveau du genou par une attelle de bois, serait une représentation symbolique de la faux du dieu, ou de la castration qu'il a subie.

Deux dieux et une planète

Dans le mythe grec, Cronos incarne le souverain de l'Âge d'or autant que le dieu déchu, le patriarche dévorant sa progéniture aussi bien que le Temps, Chronos, qui lui aussi dévore ses enfants, les Heures. Pour les Latins, il sera Saturne, puisque le Cronos grec possède comme attribut la faucille – celle avec laquelle il a émasculé son père pour fonder la génération des Titans –, comme la possède aussi le primitif dieu romain des moissons, Saturne, qui préside aux travaux des champs.

Un mythe situe même dans une région de l'Italie, le Latium, l'exil de Cronos après la fin de son

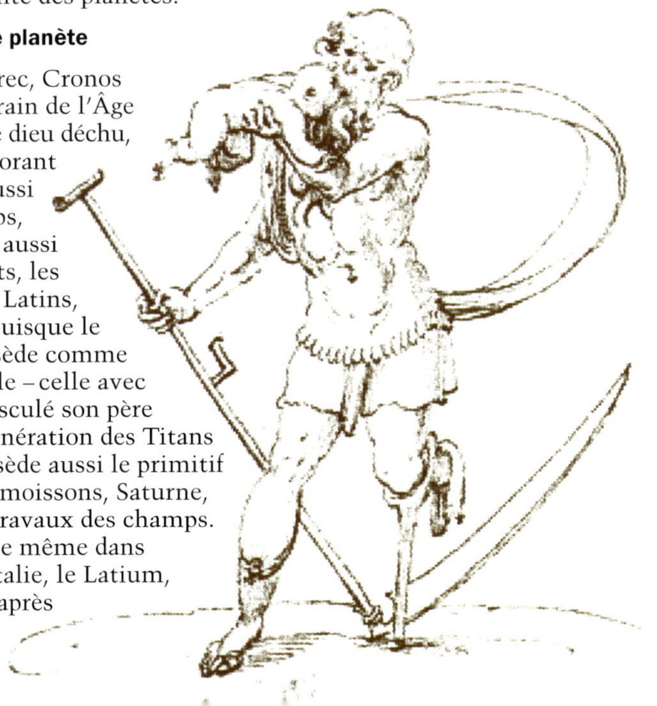

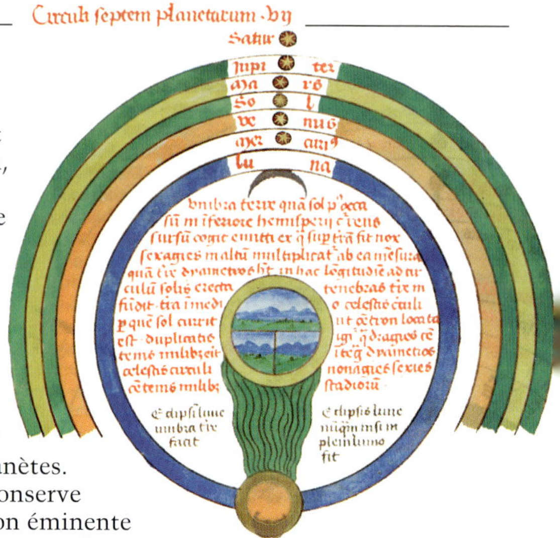

règne : dispensant les bienfaits de la civilisation aux Latins, il préside alors un second Âge d'or. Quant à la planète du même nom, que les Grecs découvrent grâce aux Babyloniens, elle est très tôt assimilée au dieu Cronos. Parce qu'elle est la plus éloignée du Soleil et que sa révolution est la plus lente, les Babyloniens en avaient fait la représentante nocturne de l'astre du jour et la plus puissante des planètes. La théorie platonicienne conserve le souvenir de cette position éminente et fait de la planète l'incarnation de l'intelligence suprême.

Pour l'astrologie en revanche, l'influence de Saturne est néfaste. Dès le Ier siècle av. J.-C., Saturne, parce qu'il a été déchu de son trône et a séjourné dans l'Hadès, représente la partie la plus basse de l'Univers et donc l'influence la plus hostile à l'humanité. Les astrologues arabes confirment entièrement cette influence négative de Saturne, tout en incorporant dans la description de la planète nombre de caractères empruntés à la mythologie et à l'astronomie.

Ainsi, la lenteur de la révolution de l'astre confère à la divinité la maîtrise du plomb, l'indolence, la froideur… Sa position originelle de souverain de l'Olympe détermine les caractères relatifs à la gloire, à la protection, à la richesse… tandis que son enfermement dans l'Hadès relie l'astre à la tristesse, à l'inquiétude,

La jambe de bois et la béquille sont des attributs que les mélancoliques ont hérités de leur filiation avec Saturne (ci-dessous). Avec les habits rapiécés, elles confirment l'image de deshérités sous laquelle le Moyen Âge entend ranger les mélancoliques.

aux sévices, à la captivité... Sa relation avec le dieu romain des moissons explique son lien avec les travaux des champs, la terre... Son assimilation au dieu du Temps, enfin, fonde sa puissance et son éternité. Cette invraisemblable somme d'attributs donne lieu à des descriptions très contrastées de Saturne, dont la plus célèbre est celle d'Alcabitius : « Il est méchant, masculin, durant le jour froid et sec, mélancolique [...] ; il préside aux choses durables et permanentes comme la terre, les travaux des champs [...], il a pouvoir sur les serviteurs des rois, les pieux parmi les faibles, les esclaves, les tourmentés, les hommes de basse naissance, les gens graves, les morts, les magiciens, les démons, les diables et les individus de mauvaise réputation – cela, lorsque sa condition est bonne. Mais lorsqu'elle est mauvaise, il a pouvoir sur la haine, l'obstination, l'inquiétude, le chagrin, [...] le soupçon entre les hommes ; [...] l'avarice envers soi-même et les autres, [...] la prédilection pour la solitude [...]. Il régit aussi les métiers vulgaires comme ceux de tanneur, [...] de fossoyeur, de vendeur de ferronnerie, d'objets en plomb et en os. »

Au Moyen Âge, la foi dans le pouvoir des astres est partagée par tous. Les textes astrologiques abondent dans les bibliothèques et il n'est pas une encyclopédie qui ne consacre à l'astrologie de longs développements (page de gauche, le *Liber floridus*). Certains livres lui sont même exclusivement consacrés, comme le codex *De sphæra* (ci-dessus). Saturne y est représenté avec les signes zodiacaux qu'il gouverne : le Verseau et le Capricorne.

La fatalité saturnienne

Lorsqu'elle pénètre en Occident au XIIe siècle, cette tradition astrologique rencontre une tout autre tradition qui, se fondant sur le lien entre les sept planètes et les sept dons de l'Esprit saint, a donné à Saturne, la plus haute des planètes, le plus grand des dons, la sagesse. Chez Alexandre Neckham, Berthold de Ratisbonne et saint Thomas, Saturne incarne la sagesse et la stabilité de l'existence. Dans un sermon attribué à Maître Eckhart, l'astre est même un « purificateur » qui permet la « vision du divin ». Dans *La Divine Comédie* de Dante, le ciel de Saturne est la dernière vision avant la contemplation divine.

Mais l'engouement que suscite l'astrologie détermine finalement les descriptions de l'astre au Moyen Âge : chez un auteur encyclopédique du XIIIe siècle comme Barthélemy l'Anglais, la définition de Saturne reprend déjà divers éléments astrologiques : « Saturne est une planète malveillante, froide et sèche, qui vit nuitamment, qui est pesante, et c'est pourquoi les légendes le représentent en vieillard. [...]. Quant à la couleur, il est même blême ou bleuâtre comme plomb, parce qu'il a deux qualités mortifères, savoir la froideur et la sécheresse. [...] C'est pourquoi [dit Ptolémée] "Les hommes assujettis à Saturne... font leurs délices des nourritures acides et astringentes, parce qu'en leur complexion domine l'humeur mélancolique." »

Cette vision se généralise jusqu'à la fin du Moyen Âge. Sous la catégorie des enfants de Saturne, on finit par ranger tous les marginaux déchus de la société. Dans les calendriers et autres almanachs, l'image de l'astre est ainsi vulgarisée : « Les enfants nés sous Saturne ont le corps déformé, le teint sombre et les cheveux noirs, la peau velue et le menton couvert de petits poils, la poitrine étroite ; ils sont perfides, vils et tristes, aiment les choses malpropres, préfèrent les vêtements sales au beau linge ; sont débauchés, n'aiment pas se promener avec les femmes ou passer leur temps en leur compagnie ; ont par nature en eux tout ce qui est mauvais. L'heure de Saturne est l'heure du mal. À cette heure-là, Dieu fut trahi et livré à la mort... »

À la fin de l'époque médiévale, la mélancolie, sous la double tutelle de Saturne et de Satan, est entrée dans le champ d'une terrible fatalité.

❝Il [Saturne] préside aux travaux d'irrigation, de labours et de cultures ; veille sur les propriétaires de terre, règle les travaux de construction dans la propriété ; gouverne l'avarice et l'amère pauvreté [...] il exerce aussi son pouvoir sur [...] les voleurs, les fossoyeurs, les profanateurs de cadavres, les tanneurs et ceux qui font profession de compter [...]. Il règne en maître sur la destruction de soi-même et toutes les choses qui engendrent l'ennui.❞

Abū Ma'shar, *Introduction à l'astrologie*, IXe siècle

Au Moyen Âge, les représentations des enfants de Saturne figurent les activités et les caractères gouvernés par la planète tels qu'ils sont énumérés dans les textes arabes, en particulier dans celui d'Abū Ma'shar dont les descriptions, reprises par Alcabitius, gagnent l'Occident. Quant à l'influence de l'astre, elle est symbolisée, dès le XVe siècle pour les écoles du Nord, plus tard pour l'Italie, par la position éminente de celui-ci par rapport aux humains qui vivent sous sa dépendance : ci-contre, une gravure allemande du début du XVe siècle où Saturne domine, en haut au milieu de la composition.

MELENCOLIA§I
16 3 2 13
5 10 11 8
9 6 7 12
4 15 14 1

Si, dans l'Antiquité, l'être humain est d'abord l'émanation d'une *physis*, le christianisme, en s'interrogeant sur la conscience de l'homme, a préparé le terrain à l'humanisme. En poursuivant le mouvement de subjectivisation amorcé à la fin du Moyen Âge, la Renaissance renoue avec la tradition aristotélicienne selon laquelle le mélancolique est d'abord un homme de génie. Une œuvre témoigne de ce renversement de perspective : la gravure de Dürer intitulée *Melencolia I*.

CHAPITRE 3

L'ÂGE D'OR DE LA MÉLANCOLIE : LA RENAISSANCE

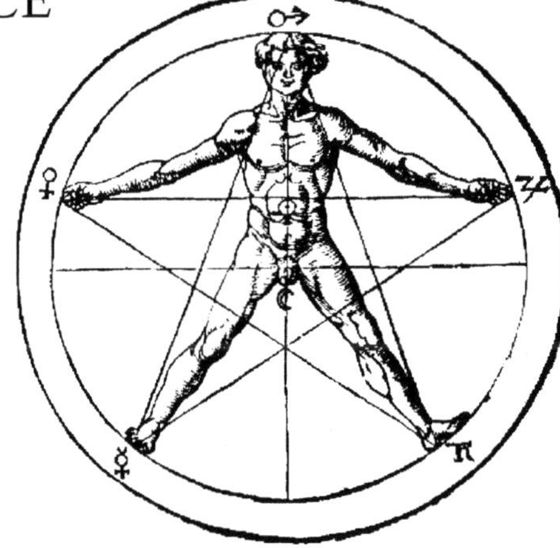

Aux représentations du tempérament mélancolique, la gravure de Dürer (page de gauche) substitue une figure allégorique : la Mélancolie. Elle fixe aussi l'iconographie d'un sujet où l'individu est désormais au cœur de la Création (ci-contre, un schéma d'Agrippa de Nettesheim).

Melencolia I

La scène se passe à l'extérieur, la nuit, sur un promontoire qui domine la mer et, au loin, une ville côtière. Même s'il est à l'air libre, le lieu est bâti et encombré, et l'on n'y trouve rien qui évoque la nature, ni herbe folle, ni arbre. Au contraire, il abrite une étrange construction sans fenêtres contre laquelle est appuyée une échelle. À son pied, une femme est assise. Richement vêtue, les cheveux dénoués surmontés d'une couronne, elle est immobile, et son dos a beau être dôté de deux puissantes ailes, son corps est si massif qu'il semble incapable de s'envoler. La tête de la femme est appuyée sur son poing gauche, tandis que sa main droite tient un compas, mais ce n'est ni sur le compas, ni sur le livre à fermoir caché dans les replis de la robe que porte son regard. Il n'est pas non plus tourné vers les instruments de mesure accrochés aux parois de la construction – une balance, un sablier, un cadran solaire surmontant une cloche et une table de Jupiter –, ni sur les outils de géomètre ou d'architecte qui gisent épars sur le sol – l'embout d'un soufflet, des clous, une scie, une règle, un rabot, un trusquin, des tenailles, un marteau –, ni même sur les réalisations que représentent la sphère et le polyèdre, cette figuration du prisme. L'angelot juché sur une meule, occupé à griffonner sur une tablette d'écolier, et le chien endormi, animal de compagnie des mélancoliques et des érudits, ne retiennent pas

Ci-dessous, un dessin préparatoire pour *Melencolia I*, dans lequel apparaissent certains des attributs de la Mélancolie, dont le polyèdre et le chien.

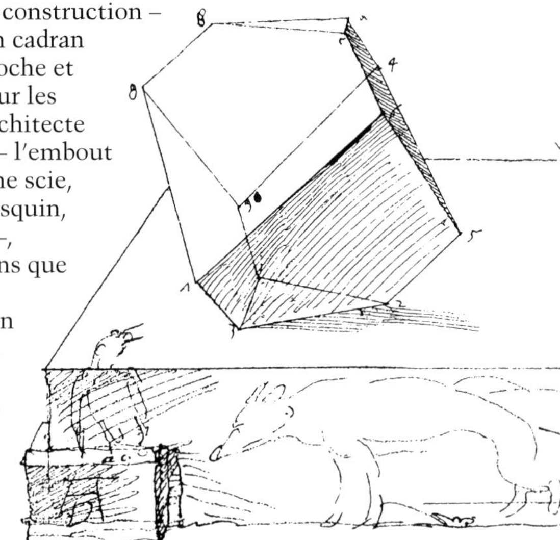

davantage l'attention de la femme, pas plus que les étranges phénomènes qui apparaissent à l'horizon – une comète, un arc-en-ciel ou encore le passage d'un animal ressemblant à une chauve-souris et portant une bannière sur laquelle un mot est inscrit, *Melencolia I*.

Si le regard est effectivement concentré comme l'indiquent les yeux ouverts, levés vers un ailleurs invisible, il l'est sur quelque chose qui se trouve en dehors du champ de la gravure, à moins que ce regard tendu ne soit finalement absorbé qu'en lui-même, dans la réflexion. Le caractère énigmatique de la gravure n'a cessé de susciter des interprétations. En quoi est-elle emblématique d'une nouvelle approche de la mélancolie inaugurée par la Renaissance ?

La sphère (page de gauche, en haut) et le carré magique (ci-dessus) – dont l'addition des chiffres horizontalement, verticalement ou en diagonale donne toujours le même nombre, 34 – font clairement référence à la compétence mathématique et géométrique. La présence de l'animal portant l'étendard du titre de l'œuvre (à gauche) suscite plus d'interrogations. Contrepoint à la figure ailée assise, elle donne à l'œuvre une dimension inquiétante sans pour autant en noircir le sens : en effet, qu'il s'agisse d'une représentation diabolique ou de l'annonce d'une catastrophe, l'animal est sur le point de quitter le champ de la gravure.

La revalorisation de la mélancolie

Les traductions de plusieurs textes de Platon faites par Leonardo Bruni à partir de 1405 ouvrent en Italie l'ère du néoplatonisme. Son principal instigateur, le philosophe italien Marsile Ficin, fonde sur les dialogues de l'élève de Socrate un humanisme où la vertu première de l'homme est sa raison, et son mode idéal la spéculation philosophique. Mais cette dernière, chez Ficin

Le retour aux sources antiques, et notamment aux écrits d'Aristote et de Platon, caractérise la Renaissance italienne, et c'est naturellement dans ce pays que renaît la mélancolie créatrice. À Florence, vitrine du mécénat artistique de Laurent de Médicis et patrie de Marsile Ficin, la mélancolie trouve sa ville d'élection. Sur une fresque tardive du Palazzo Pitti de la ville, Laurent de Médicis, entouré d'artistes, est représenté aux pieds d'une statue de Platon, dans l'attitude du mélancolique inspiré.

comme chez Platon, n'est accessible que si l'âme s'est auparavant libérée du monde sensible, c'est-à-dire du corps. « Philosopher, c'est apprendre à mourir », écrivait Platon dans le *Phédon*. Ficin reprend à son compte cette démarche : pour accéder aux niveaux les plus élevés de l'esprit, à la sphère de la lumière pure, il faut d'abord se détacher totalement du corps, le faire mourir en soi. Mais dans cette opération de sublimation, le philosophe se heurte à la mélancolie, ce tempérament saturnien qu'il définit comme l'écart éprouvé entre son savoir, d'une part, et sa volonté, de l'autre.

Doutant de ses capacités à surmonter cette néfaste influence de Saturne, Ficin se confie à son ami Giovanni Cavalcanti. La réponse de ce dernier est sans détour : non seulement les astres ne peuvent avoir d'influence maléfique, mais en plus, c'est précisément à Saturne que Ficin doit ses plus grandes qualités, la mémoire, l'audace, l'intelligence et la sagesse. « Que ferai-je donc ? interroge Ficin.

Évidemment je vais trouver une échappatoire et je vais dire ou bien que ce genre de nature [*la mélancolique*], si tu le veux, n'émane pas de lui [*Saturne*] ; ou bien que, s'il ne se peut éviter qu'elle émane de lui, j'approuverai Aristote, qui dit que cette nature-là est un don exceptionnel et divin. »

C'est finalement la seconde solution que choisit le philosophe, et dans les trois livres du *De vita triplici* qui paraissent en 1497, il consacre définitivement la *melencolia generosa* comme un don unique et divin dans lequel la bile

De vita sana

« Souvent je m'assois
sur un dur rocher
Et appuie ma joue
sur mon bras.
Je médite et reviens à
mon amoureux chemin
Que je reparcours pas
à pas. »

Laurent de Médicis

De vita longa

noire élève l'âme « jusqu'à la compréhension des choses les plus hautes » sous l'influence de Saturne, « la plus haute des planètes ». La fureur divine de Platon rejoint ainsi le génie d'Aristote, et ce syncrétisme sera diffusé dans toute l'Europe à travers l'académie que fonde Ficin à Florence sur le modèle de celle créée par Platon à Athènes.

Dans les pays du Nord, et en Allemagne en particulier, les conceptions de Ficin se diffusent lentement, d'autant que l'humanisme allemand, guidé par la Réforme, ne vise pas l'accomplissement de la raison par la philosophie, mais celui de l'âme par la Révélation. Dürer connaissait-il les écrits de Ficin ? Rien ne permet de l'affirmer, même s'il côtoyait un milieu où leur influence était sensible. Derrière l'interprétation du philosophe italien, c'est peut-être davantage l'œuvre de Platon qui a marqué l'artiste : rien en effet dans la gravure de Dürer ne fait écho à la douleur fondatrice propre à la doctrine de Ficin ;

De vita coelitus comparada

Dans ces vers, Laurent de Médicis se décrit dans la pose mélancolique. C'est d'ailleurs ainsi qu'il est représenté dans une miniature du début du XVIe siècle illustrant un recueil de ses poèmes (ci-dessus).

inversement, rien dans les œuvres du philosophe italien ne légitime la place que Dürer accorde, dans sa gravure, à la géométrie.

Dürer et le platonisme

Il en va tout autrement dans les œuvres de Platon. « Que nul n'entre ici s'il n'est géomètre », avait inscrit le philosophe au fronton de son académie, car, pour le maître, la connaissance de la géométrie contribuait à la libération de l'âme, elle-même nécessaire à la contemplation des Idées : les figures géométriques parfaites ne sont compréhensibles que par la pensée pure et sont en cela des figures qui introduisent au monde des Idées. La femme de la gravure de Dürer, qui a délaissé les instruments du géomètre, mais dont la sphère et le polyèdre prouvent qu'elle les maîtrise parfaitement, serait-elle finalement absorbée par cet ailleurs invisible qu'est le monde des Idées cher à Platon ? Dürer lui-même écrivait qu'« un bon peintre est en effet rempli de figures en lui-même et, s'il était possible de vivre éternellement, il aurait toujours à déverser en ses œuvres de ces idées intérieures dont parle Platon ». Mais alors à quoi se rapportent la comète, l'arc-en-ciel et la chauve-souris, et quel est le sens du chiffre I accolé au titre de l'œuvre ?

Les trois *melancholia*

Si Ficin est en Italie le premier passeur de l'œuvre de Platon, il est relayé en Allemagne par un philosophe versé dans l'occultisme, Agrippa de Nettesheim. Certes, son *De occulta philosophia* ne paraît qu'en 1533, mais dès 1510, quatre ans avant la gravure de Dürer, un manuscrit circulait déjà dans les milieux lettrés allemands. Or les idées du

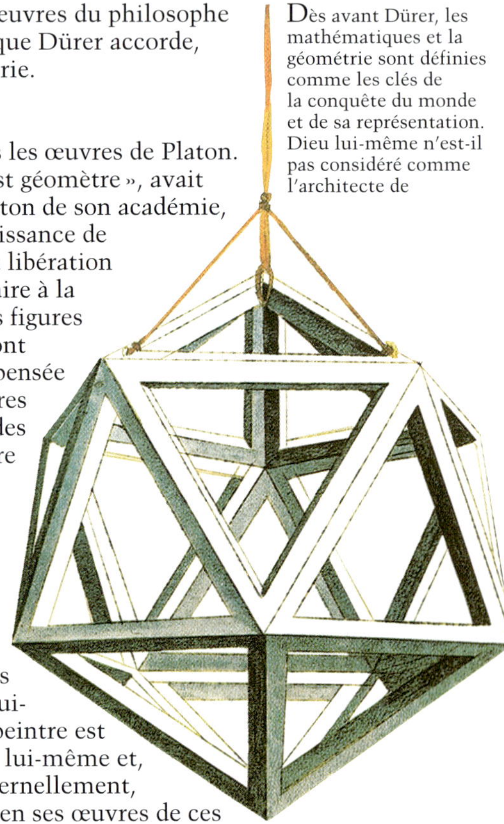

Dès avant Dürer, les mathématiques et la géométrie sont définies comme les clés de la conquête du monde et de sa représentation. Dieu lui-même n'est-il pas considéré comme l'architecte de l'Univers ? Aussi le polyèdre, en tant que figure géométrique irrégulière, témoigne-t-il d'une connaissance supérieure (ci-dessus et ci-contre, des figures réalisées par le mathématicien Luca Pacioli). Dürer, en reprenant dans sa gravure un polyèdre, relie la connaissance à la mélancolie.

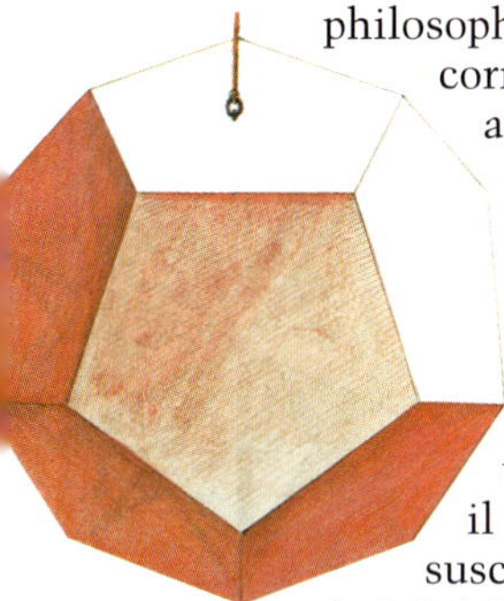

philosophe allemand offrent des correspondances troublantes avec la gravure de Dürer. À côté de la traditionnelle bile noire responsable de tous les maux dans la conception pathologique de la mélancolie, Agrippa de Nettesheim distingue une bile blanche, à laquelle il attribue l'enthousiasme susceptible de stimuler la créativité. Trois sortes de mélancolie en découlent, reliées selon un ordre ascendant aux trois facultés de l'âme : l'imagination, la raison et l'esprit. La première, la *melancholia imaginationis*, est le siège des « démons d'un rang inférieur ». Elle gouverne « les hommes les plus incultes », auxquels elle permet d'accéder au statut de peintre et d'architecte. Elle règne aussi sur les catastrophes naturelles dont les comètes et les arcs-en-ciel sont les signes prémonitoires. La seconde, la *melancholia rationis* rassemble les philosophes, les docteurs et les orateurs qui, grâce aux démons intermédiaires, accèdent à la connaissance par la raison. Les livres et tout ce qui relève du temps et des nombres appartiennent à cette deuxième sphère

« En l'an 1525, dans la nuit du mercredi au jeudi après la Pentecôte, j'ai eu cette vision pendant mon sommeil : de nombreuses trombes d'eau tombant du ciel. La première atteignit la surface du sol à environ 4 milles de moi, avec une telle force, avec un tel mugissement et un tel jaillissement qu'elle engloutit tout le pays. [...] Mais en me réveillant le lendemain matin, j'ai peint ce que j'avais vu [...]. »

Albrecht Dürer [ci-dessous, *La Vision*]

Très répandue au XVIe siècle, la crainte de la fin du monde accompagne Dürer toute sa vie. Peut-être faut-il comprendre l'arc-en-ciel de *Melencolia I* comme un rappel de l'arc que forme Dieu après le Déluge en signe d'alliance et de paix retrouvée.

mélancolique. Enfin, la *melancholia mentis* réunit les esprits les plus élevés, auxquels elle révèle la loi de Dieu. Dans sa sphère d'influence, les comètes et les arcs-en-ciel peuvent aussi annoncer l'avènement d'une rédemption finale.

Faut-il voir dans *Melencolia I* la première des mélancolies identifiées par Agrippa de Nettesheim, c'est-à-dire la *melancholia imaginationis* ? Outre le fait que ce rapprochement expliquerait le chiffre I du titre de l'œuvre et la présence de la comète et de l'arc-en-ciel, il rend aussi compte de l'activité de l'artiste, la peinture, explicitement mentionnée par le philosophe allemand pour définir le champ de cette mélancolie. Mais rien n'interdit de penser que Dürer ait voulu aussi inclure dans sa gravure des éléments relevant de la *melancholia rationis*, les instruments de mesure et le livre, pour indiquer la direction vers laquelle tend le premier stade de la mélancolie. De fait, la figure inventée par Dürer se détourne des instruments éparpillés sur le sol, qui pourraient être ceux de l'architecte. Et même la *melancholia mentis* ne serait pas absente de la gravure si l'on considère qu'Agrippa de Nettesheim voyait dans les comètes et les arcs-en-ciel non seulement des présages annonçant une catastrophe naturelle, mais aussi, en définitive, les signes d'une rédemption à venir.

La Mélancolie de Jacob II de Gheyn (ci-dessous) se réfère, par sa composition à la *Melencolia I* de Dürer, mais la légende de l'œuvre maintient la négativité associée à la bile noire : « Quant elle est noire, de l'âme et de l'esprit très noire peste, la bile / Souvent brise les forces du talent et de l'être même. »

Nombre d'interprètes se sont étonnés du fait que Dürer n'ait pas ensuite réalisé de *Melencolia II* ni *III*. En fait, il n'est pas impossible que l'artiste ait exclu du domaine de sa compétence les *melancholia rationis* et *mentis* telles que les définissait Agrippa de Nettesheim. « Ce qu'est la beauté absolue, je l'ignore », avouait le peintre au faîte de son art. Avec l'œuvre de Dürer, la mélancolie commence à devenir un sujet autonome en se détachant de toute référence à la théorie des quatre tempéraments. L'artiste en fait une pensée à l'œuvre, un sujet où la question de la méditation métaphysique, et de la contemplation, rejoint celle de la connaissance scientifique et du savoir en général, et c'est effectivement comme telle que vont désormais s'y référer les artistes.

« À l'endroit de la tache jaune que je montre du doigt, c'est là que j'ai mal », a écrit Dürer au-dessus de cet autoportrait (ci-dessus). Faut-il en conclure que le peintre confesse une mélancolie, puisque la tache correspond à l'emplacement de la rate, organe de la bile noire ? Rien ne permet de l'affirmer.

La postérité de *Melencolia I*

Plusieurs fois offerte par l'artiste, souvent reproduite et commentée, la gravure de Dürer acquiert rapidement une grande renommée en Europe. En Allemagne, aux Pays-Bas, en Angleterre, des artistes en reprennent les éléments iconographiques, notamment ceux qui se rapportent à la géométrie et à l'astronomie, et par suite à la connaissance du monde et à la création. Ainsi, dans une série de gravures de Jacob II de Gheyn sur les quatre tempéraments, le mélancolique est encore figuré sous les traits de Saturne, mais le personnage emprunte à la gravure *Melencolia I* plusieurs caractéristiques : assis sur une sphère, il tient dans sa main droite un compas, instrument de mesure du globe glissé sous son bras, tandis que sa main gauche soutient sa tête.

Dans ces deux représentations du *Christ de pitié*, dit aussi *L'Homme de douleurs*, l'une d'un artiste alsacien non identifié (vers 1470, ci-contre), l'autre attribuée au jeune Dürer (vers 1493, à gauche), Jésus est figuré dans la position mélancolique. Dans les deux œuvres, son corps montre les blessures de son supplice : il apparaît donc *après* la Crucifixion, mais *avant* la Résurrection puisque, ressuscité, le Christ ne porte plus ni la couronne d'épines ni la tige de roseau. Moment « invraisemblable », d'une pure image de piété : Jésus mort paraît vivant, et même, dans le tableau attribué à Dürer, nous regarde avec insistance.
On peut dire aussi que la pose du Christ correspond à un état qui n'est plus vraiment la vie ni vraiment la mort – un état proprement mélancolique.
Dans l'une et l'autre version, c'est la main droite qui soutient la tête du Christ, car la main gauche (*sinistra*) est celle du diable.
Le Christ peut être mélancolique, mais sa mélancolie ne saurait venir du Démon.

L'influence formelle de *Melencolia I* apparaît bien dans la gravure de Franz Brun, avec l'équerre et la sphère (ci-contre), mais l'influence spirituelle de la gravure de Dürer y est plus diffuse. Une pièce sombre qui ressemble à une prison, une femme massive aux airs de nonne, tels sont les éléments qui frappent d'abord dans cette *Melancolia* réalisée en 1561. Dans la tension entre la négativité qui reste liée à la mélancolie et la vision supérieure à laquelle elle peut conduire, c'est encore la première qui prévaut.

Mais surtout, les éléments iconographiques présents dans la gravure de Dürer apparaissent dans des œuvres désormais intitulées *Mélancolie*. Ainsi, il suffit à Franz Brun, dans sa gravure *Melancolia*, de figurer une sphère et une équerre aux pieds d'une femme assise dans une longue pièce close, le regard tourné vers une fenêtre grillagée, pour que l'on comprenne aussitôt le sujet de l'œuvre.

Le thème tel que l'a traité Dürer va également être réinterprété à la lumière de la Réforme luthérienne.

Dans les quatre versions que donne Lucas Cranach l'Ancien de la Mélancolie, ce n'est plus la référence à la géométrie qui domine – seule la première version de 1528 figure encore quelques-uns des outils qui identifiaient le sujet chez Dürer –, mais une chevauchée de sorcières qui finit par occuper tout l'arrière-plan de la quatrième version, celle de 1533.

Car si c'est en Allemagne et aux Pays-Bas que l'influence de l'œuvre de Dürer est la plus sensible, la question de la méditation métaphysique, et donc de la mélancolie, y est réinterprétée par Luther. Pour ce dernier, en effet, la mélancolie puise encore sa source dans l'*acedia* : fille du Démon, elle « prépare le bain du diable ». Ainsi, chez Cranach, la figure ailée représentée en train de tailler un bâton est couramment associée à l'*acedia* : il pourrait ne s'agir là que d'une illustration particulière de la paresse, à laquelle la fin du Moyen Âge avait assimilé le vice.

Troisième des quatre représentations que Cranach a données de la Mélancolie, ce tableau est daté de 1532 (ci-dessus). Il oppose aux enfants jouant avec la sphère et les cerceaux une chevauchée de sorcières au deuxième plan. La figure ailée, à droite, semble tailler un bâton, peut-être une baguette magique dont l'écorce doit être pelée afin qu'aucun esprit ne s'y cache. Au début du XVIIe siècle, l'œuvre fait partie des collections de Rodolphe II à Prague, ville où la mode mélancolique bat alors son plein.

Quatre années séparent ces deux versions de la *Mélancolie* de Cranach. La première (ci-contre) est datée de 1528 ; la seconde (page de gauche), réalisée en 1532, est contemporaine de la version de la page précédente. Une dernière version, datée de 1533, clôt la série. La confrontation de ces œuvres permet de saisir l'évolution du thème chez Cranach : alors que les éléments évoquant la gravure de Dürer diminuent au fil des versions, les références à l'*acedia* prennent de l'importance. Le groupe de la femme et des enfants surtout, d'abord nettement séparé de celui des sorcières en 1528, s'y mêle en 1532 : de fait, un putto est intégré au deuxième plan, sur une balançoire qui paraît suspendue au nuage diabolique. Dans la dernière version, celle de 1533, le cadre qui isolait les plans a disparu. Cette confusion progressive des deux groupes de personnages conduit finalement à s'interroger sur le lien qui les unit. Loin d'être le fruit de l'imagination de la femme, les sorcières seraient des créatures appartenant au même monde qu'elle et les enfants : des suppôts de Satan.

TANTI

La mélancolie élisabéthaine

En Angleterre, si la mélancolie ne relève pas de l'*acedia*, elle ne se soucie pas davantage d'accomplir l'accès au divin, la sortie de soi auxquels l'associent Ficin et Agrippa de Nettesheim. Dans la version de Nicholas Hilliard, la mélancolie, sous une apparence nonchalante, désigne en réalité une cruelle fatalité. L'inscription qui figure dans la chevelure du jeune homme – « Garder fidèlement une parole donnée » – renvoie en effet à une citation issue de *La Pharsale* de Lucain, dont la suite était loin d'être ignorée des contemporains de Nicholas Hilliard : « Garder fidèlement une parole donnée attire la misère quand on soutient ceux que la Fortune a abandonnés. Range-toi du côté des destins et des dieux... » La mélancolie élisabéthaine, si elle désigne encore la tension entre un ici-bas et un au-delà, renverse totalement la perspective habituelle de la mélancolie : choisir le divin équivaut non pas à accéder à une autre dimension, mais au contraire à opter pour le pragmatisme, car la distance est infranchissable « entre la terre et les étoiles, [...] entre réalisme et justice ». En se réclamant des dieux pour se ranger du côté du terrestre, la mélancolie élisabéthaine affirme avec une superbe ironie qu'il n'y a pas d'accès au divin ; mais elle dit aussi, du même coup, l'enfermement de toute vie terrestre. En cela, elle préfigure déjà ce que sera la mélancolie romantique en Angleterre.

Une sphère dont le poids est celui d'une plume : dans le jardin de la philosophie, l'espoir et la peine se valent. C'est sans doute ce que médite avec ironie le comte Henry Percy (page de gauche), une ironie que ne dément nullement, en dépit des apparences, le jeune homme aux fleurs (ci-dessus).

La mélancolie saturnienne

En Italie en revanche, la conception de Ficin l'emporte, et si la gravure de Dürer y est connue, on ne retient d'elle que le lien qu'elle établit entre la mélancolie et la création. Depuis l'Antiquité, Mercure, le messager aux pieds ailés, était le dieu des artistes; ce sera désormais Saturne. La mélancolie créatrice atteint un tel prestige dans le pays qui a vu sa résurrection que très vite on ne peut plus guère imaginer qu'un artiste ait du talent sans être sous l'influence de Saturne, ni donc qu'un tempérament saturnien ne recèle en lui quelque talent, fût-il caché. Aussi se plaît-on à

Peinte dans les années 1509-1510, après le séjour de Raphaël à Florence, *L'École d'Athènes* évoque le climat de l'humanisme italien. Autour des figures centrales de Platon et d'Aristote, l'artiste a représenté les écrivains et savants de l'Antiquité, auxquels il prête, pour certains, les traits de grands artistes italiens de son temps: Léonard de Vinci pour la figure de Platon, Michel-Ange pour celle d'Héraclite (détail ci-dessus). La pose mélancolique de celui-ci réunit les caractères du philosophe misanthrope et ceux du génie créateur.

De Parmesan (*Autoportrait*, page de gauche), l'un des maîtres du maniérisme italien, Vasari rapporte qu'« il commença à délaisser son travail ou, tout au moins, à aller si lentement qu'on voyait facilement qu'il l'exécutait à contrecœur. Cela arriva parce qu'ayant commencé à étudier les choses de l'alchimie, il avait complètement abandonné celles de la peinture, espérant s'enrichir rapidement en congelant le mercure. [...] Finalement, l'esprit tout à son alchimie, comme tous ceux auxquels, ne serait-ce qu'une fois, elle a tourné la tête, Francesco, jadis si raffiné et si élégant, se transforma presque en homme des bois : c'était un autre homme. Comme il se soignait mal et qu'il était devenu mélancolique et bizarre, il fut pris d'une grave fièvre et d'une fluxion cruelle qui, en quelques jours, l'envoyèrent dans un monde meilleur ». Dans le texte de Vasari, la mélancolie confine à la folie. C'est ce qui ressort aussi du dessin de Hans Baldung Grien, *Saturne*, figure dont le regard clair est singulièrement inquiétant (ci-contre).

emprunter aux descriptions du tempérament mélancolique les traits les plus frappants de son caractère : l'excentricité, le goût de la solitude ou encore la pose qui convient à une telle complexion...

Ainsi, dans *L'École d'Athènes*, c'est la tête appuyée sur sa main gauche que Raphaël représente Michel-Ange. Les biographes ne sont pas en reste dans cette exaltation de l'influence saturnienne, et plus l'artiste dont ils dressent le portrait est exceptionnel, plus son tempérament est reconnu mélancolique : fréquent dans les *Vies* de Vasari, le terme est aussi employé par d'autres, chroniqueurs célèbres ou anonymes, pour qualifier Raphaël, Michel-Ange... et même Dürer, bien que celui-ci ne se soit jamais décrit comme tel.

MD XXIIII
AV

Dès l'Antiquité tardive, l'homme transformé en loup a été compris comme une monstruosité résultant d'un excès de bile noire. La figure du loup-garou se présente ainsi comme une autre manifestation de l'ambivalence de la mélancolie, dans laquelle la fureur aboutit à une régression de l'homme vers une bestialité féroce qui lui ôte jusqu'à l'usage de la parole.

« Ses vêtements se muent en poils, en pattes ses bras ; il devient loup, mais il garde encore des vestiges de sa forme première : même couleur grisâtre du poil, même furie sur ses traits, mêmes yeux luisants, il reste l'image vivante de la férocité. »

Ovide,
Les Métamorphoses

Avant même la fin du XVIe siècle, alors que la mode mélancolique fait chaque jour ou presque de nouveaux adeptes, des voix s'élèvent pour démythifier ses prestiges et dénoncer les méfaits qu'elle engendre. Au terme de cette évolution qui parcourt les XVIIe et XVIIIe siècles, la mélancolie a singulièrement changé de visage.

CHAPITRE 4

CLASSICISME ET LUMIÈRES : LA MÉLANCOLIE EN VANITÉ

Sévèrement remise en cause, la mélancolie n'est pas moins présente et se décline même sous une multitude d'iconographies : elle peut apparaître, de façon anecdotique, sous la figure de Démocrite entouré des squelettes d'animaux qu'il a disséqués pour trouver le siège de la bile noire (page de gauche). Elle devient aussi, sous la forme d'un squelette, un objet de piété dans les autels funéraires qui se répandent en Europe dès la seconde moitié du XVIe siècle (ci-contre).

Des désordres du mot

À force de convertir et de rallier dans son cortège tous ceux que la vanité ou la sottise pousse à se croire affectés de la divine maladie – et fatalement, ils sont nombreux –, la mélancolie se transforme. D'exceptionnelle, elle devient commune, et là où peu auparavant elle était encore auréolée des prestiges du péril, elle ne désigne plus qu'une complaisance chez celui qui s'en réclame. Tout se passe en définitive comme si la noire fatalité n'avait pu s'accommoder de la pleine lumière où la Renaissance l'avait exposée, comme si sa récupération par l'homme du commun lui avait fait perdre ses plus beaux atours et, parmi eux, l'aura de mystère qui la nimbait.

C'est l'insignifiance du mot qui est d'abord relevée : la mélancolie est un désordre « plus courant de nos jours qu'il ne l'était auparavant ; la raison en est que l'on appelle aujourd'hui mélancolie tout entêtement et toute licence », remarque sainte Thérèse d'Ávila dès la seconde moitié du XVIe siècle. Étrangement, c'est de mélancoliques notoires que viennent les attaques les plus virulentes, celles de Montaigne dans ses *Essais*, dès 1580, celles du pasteur Robert Burton dans son *Anatomie de la mélancolie* en 1621, comme

À partir de la quatrième édition de l'ouvrage de Burton, en 1632, sa couverture est composée en cartouches présentant dix gravures (en bas, à gauche). Au portrait de Démocrite d'Abdère (détail ci-dessous), entouré des emblèmes animaliers de la Jalousie et de la Solitude, répond, sous le titre, le portrait de Burton intitulé *Democritus junior* (détail page de droite, en bas), lui-même entouré par les figures du Superstitieux et du Maniaque. De part et d'autre du titre, deux gravures représentent l'Amoureux et l'Hypocondriaque. Enfin, les deux dernières images au bas du frontispice figurent les remèdes à la mélancolie : la bourrache et l'ellébore.

si la suspicion qui désormais pèse sur le mot les obligeait à s'expliquer eux-mêmes sur l'affection dont ils se savent atteints. « C'est une humeur mélancolique [...], produite par le chagrin de la solitude en laquelle il y a quelques années je me suis jeté, qui m'a mis premièrement en tête cette rêverie de me mêler d'écrire », avoue Montaigne au début de ses *Essais*. Il en va de même pour Burton, qui décide de soigner sa mélancolie en écrivant abondamment sur elle : « La tour de Babel n'a jamais suscité autant de confusion dans les langues que le chaos de la mélancolie n'engendre de symptômes », note-t-il non sans humour.

Car le monstre ne s'attaque pas de front et il faut, pour l'étudier, le mettre d'abord à distance, par la médiation de l'écrit et par le secours de l'ironie. Montaigne et Burton ont en effet relevé les séductions de la mélancolie et dénoncé la complaisance qu'il pouvait y avoir à se mirer dans son miroir. « J'imagine bien qu'il y a du dessein, du consentement et de la complaisance à se nourrir en la mélancolie ; je dis outre l'ambition, qui s'y peut encore mêler. Il y a quelque ombre de friandise et délicatesse qui nous rit et qui nous flatte au giron même de la mélancolie », écrit Montaigne. L'ironie se présente donc comme l'antidote de la complaisance et le regard critique s'impose pour débusquer les égarements auxquels invite l'humeur noire.

“J'ai le visage non pas gras, mais plein, la complexion entre le jovial et le mélancolique moyennement sanguine et chaude.”
Montaigne [portrait ci-dessus], *Essais*

En revenant à une définition fondée sur les humeurs, Montaigne s'éloigne résolument de la tristesse mélancolique – « Sot et monstrueux ornement » –, que la mode de son époque honore « de faveur particulière ». Pourtant, chez lui, l'égalité entre les tempéraments mélancolique et sanguin correspond à la configuration idéale qui détermine les hommes d'exception selon Aristote : sa remise en cause du génie mélancolique n'en est que plus significative.

Ainsi Montaigne préfère se définir « non mélancholique, mais songecreux », la raillerie étant d'autant plus acerbe que Songecreux était le nom de scène d'un acteur comique de l'époque de sa jeunesse. Quant à Burton, c'est sous la tutelle de Démocrite, le philosophe rieur, érigé pour l'occasion en figure mélancolique, qu'il se place en se présentant lui-même en Démocrite junior.

QVAND vous verrez, dict Paul Aginete, vn jeune hõme ſans eſtre trauaillé d'aucune maladie corporelle, triſte, penſif, taciturne, ou qui parle à paroles entrecoupées, & regarde attentiuement les Dames, & qui eſt de ſurplus paſle & languiſſant ſans cauſe apparente, ſoupçonnez le trauaillé d'amour,

La mélancolie chez les médecins

Entre 1580, date de la première parution des *Essais*, et 1621, année de la publication de l'ouvrage de Burton, la mélancolie devient le mal à extirper et n'est donc plus envisagée que comme une maladie. En Espagne,

TRAICTE
DE L'ESSENCE
ET GVERISON
DE L'AMOVR.
OV
DE LA MELANCHOLIE
EROTIQVE.

le *Livre de la mélancolie* d'Andrés Velázquez, publié en 1585, est suivi par les traités de Luis Mercado en 1604 et d'Alonso de Santa Cruz en 1613 ; en Angleterre, le *Traité de la mélancolie* de Timothy Bright paraît en 1586 ; en France, André Du Laurens, médecin d'Henri IV, publie en 1595 un *Second discours auquel est traité des maladies mélancholiques et du moyen de les guérir*, et Jacques Ferrand fait paraître à Toulouse en 1612, à Paris en

Si l'Antiquité et le Moyen Âge cherchaient à la mélancolie une cause extérieure, qu'elle fût humorale ou morale, le XVIIe siècle renverse le problème : ce n'est plus l'origine de la mélancolie qui intéresse, mais la mélancolie comme origine de tous les maux difficiles à soigner. La mélancolie se confond désormais avec ses symptômes. Ainsi, l'amour et la mélancolie érotique deviennent équivalents dans le titre du traité de Jacques Ferrand (ci-contre). Tel est aussi le sens de la gravure d'Abraham Bosse, *L'Homme fourré de malices* (page de droite) : la doublure du manteau, chargée d'une multitude de têtes de femmes, s'assimile à la position mélancolique du personnage, imitée par le singe.

1623, un *Traité de l'essence et guérison d'amour ou De la mélancolie érotique*. Tous ne font qu'évoquer au passage le cas du mélancolique sain pour se consacrer aux descriptions d'une pathologie inquiétante, qui d'ailleurs reste solidement amarrée à l'imagination. « De toutes les affections de l'âme, je considère que les fantaisies de l'imagination sont ce qui ruine le plus gravement les esprits », écrit Timothy Bright dans son *Traité de la*

A
TREATISE
OF
MELANCHOLY.
CONTAINING THE
CAVSES THEREOF, AND
Reaſons of the ſtrange effects it worketh
in our minds and bodies : with the Phy-
ſicke Cure, and ſpirituall conſolation
for ſuch as haue thereto adioyned
afflicted Conſcience.
THE DIFFERENCE BE-
TWIXT IT, AND MELANCHOLY,
With diuers Philoſophicall diſcourſes
touching actions, and affections of
Soule, Spirit, and Body : the
particulars whereof are to
bee ſeene before the
BOOKE.

Ci-dessus, le frontispice du *Traité de la mélancolie* de Timothy Bright, dans son édition de 1613. Paru en 1586, l'ouvrage est réédité plusieurs fois au cours du XVIIe siècle.

mélancolie. « La folie mélancolique est une aliénation de l'imagination, non de l'esprit », note en écho Jérôme Mercurialis dans sa *Medicina practica* en 1601.

Au terme de cette approche, le médecin anglais Thomas Willis, en plein XVIIe siècle, observe dans la maladie mélancolique l'alternance de phases maniaques (folie) et de phases mélancoliques (dépression), selon une « affinité » qui, « dans les paysages de l'imagination », « noue en un même feu la fumée et la flamme ». C'est la première atteinte portée par la médecine à la théorie des humeurs, la première fois que la mélancolie pathologique est associée à un phénomène qui n'a plus pour fondement la tradition hippocratique.

La mélancolie chez les docteurs de l'Église

Les docteurs de l'Église ne combattent pas moins l'affection mélancolique que les médecins. Dans son *Introduction à la vie dévote* parue en 1609, François

Premier grand livre d'anatomie dont les observations et illustrations reposent sur la dissection, le *De humani corporis fabrica* de Vésale, paru en 1543, comporte une illustration typique des cabinets d'anatomie : un squelette debout, la main gauche soutenant sa tête, tandis que la droite est posée sur un crâne reposant sur un tombeau (page de droite). L'inscription gravée sur le tombeau énonce : « C'est par le génie qu'on survit, tout le reste appartient à la mort. » Au cours du XVIIe siècle se répand en outre un certain type d'autel funéraire comportant des squelettes, mais aussi des momies de fœtus (ci-contre, une momie entourée de trois squelettes).

La période qui a le plus activement refoulé la mélancolie est aussi celle qui en a donné le plus de représentations macabres, comme si celles-ci en étaient la forme irréductible. Car, qu'il s'agisse de squelettes ou de fœtus (ci-contre), les mises en scène mélancoliques que l'on trouve dans les autels funéraires et autres petits cabinets portatifs s'attachent encore à matérialiser la mort.

du lapis armenus. Il y en a
qui fōt vne poudre pour les
melãcholiques qui eſt ex
cellēte. Prenez vne once
lapis lazuli bien laué en e
de violes, deux onces deſe
de Leuãt, vne once & dem

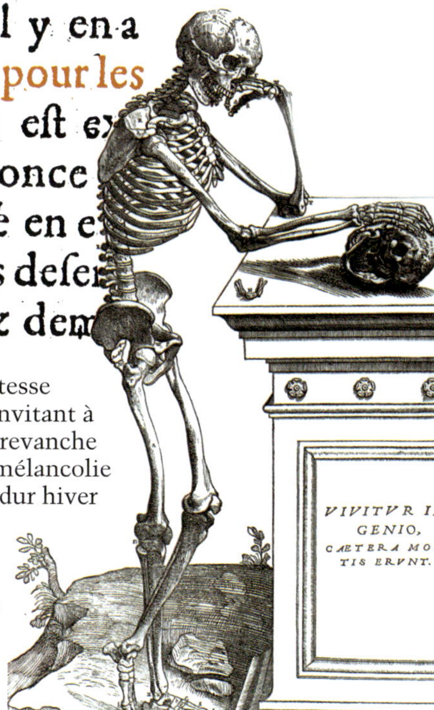

de Sales mentionne à peine la tristesse bénéfique liée à la mélancolie et invitant à la miséricorde, mais il s'arrête en revanche longuement sur les méfaits de la mélancolie monastique, qu'il compare à « un dur hiver qui fauche toute la beauté de la terre et engourdit tous les animaux : car elle ôte toute suavité à l'âme, et la rend presque percluse et impuissante en ses facultés ». « Contrariez vivement aux inclinations de la tristesse », tel est son mot d'ordre.

La mélancolie chez les écrivains

Chez les écrivains enfin, la mélancolie a tout à fait cessé d'être le pendant du génie. Si le Hamlet de Shakespeare est encore, à la charnière des XVIe et XVIIe siècles, un noble héros, bien qu'atteint d'une mélancolie qu'il combat d'ailleurs fermement par l'ironie, l'Alceste du *Misanthrope* de Molière est une figure douloureuse, égarée par la mélancolie. Dans *Andromaque* de Racine, la mélancolie est une maladie : « Surtout je redoutais cette mélancolie où j'ai vu si longtemps votre âme ensevelie. » Chez Corneille, c'est un sujet de mépris pour l'homme vertueux : « J'ai honte de montrer tant de mélancolie », avoue Horace. Chez Boileau, la mélancolie est devenue une faute de goût : « Modère ces bouillons de ta mélancolie », peut-on lire dans la *Satire VII*; Plus tard, chez Montesquieu, le remède conseillé – « L'air, les raisins et le vin des bords de Garonne sont d'excellents antidotes contre la mélancolie » – témoigne du peu de consistance reconnu à l'affection.

Si la mélancolie perd ainsi tout prestige, elle ne disparaît pas pour autant. En soixante ans, l'*Anatomie de la mélancolie* de Burton fait l'objet

Après avoir visité le Tasse en proie à la mélancolie (ci-dessous), Montaigne s'alarme des effets de ce mal :

« Quel saut vient de prendre, de sa propre agitation et allégresse, l'un des plus judicieux, ingénieux et plus formés à l'air de cette antique et pure poésie, qu'aucun poète italien ait de longtemps été ? »

de six rééditions en Angleterre. C'est dire la fascination qu'exerce toujours la maladie sacrée. Mais au terme d'un lent processus de désacralisation, il ne s'agit plus de la même mélancolie.

Le divorce entre la mélancolie et l'imagination

Que la mélancolie puisse être l'objet d'une telle entreprise de dénigrement témoigne sans nul doute du peu d'estime où sont tombés la tristesse et son cortège de vains maux. On aspire plus à faire du séjour terrestre un lieu heureux qu'à spéculer sur un ailleurs incertain ou sur les vertus de la création artistique. Dans l'Antiquité grecque puis au XVIe siècle, on pouvait admettre les risques liés à la mélancolie parce que cette dernière incarnait aussi la seule voie d'accès, par l'imagination, au génie. À la fin du XVIe siècle, un renversement s'accomplit qui progressivement dissocie l'imagination, et donc le génie, de la mélancolie, ne laissant à cette dernière que la part malade. Ce renversement a lieu chez Montaigne. C'est pourtant bien en homme du XVIe siècle qu'il entreprend le projet mélancolique de la rédaction des *Essais* : dans la droite ligne de Platon, Aristote, Sénèque et Ficin, il attribue encore à l'imagination le pouvoir de séparer l'âme du corps pour la conduire sur les chemins escarpés de la création.

Mais c'est à une vérité tout autre qu'il aboutit au terme de son ouvrage. En Italie, il a visité le Tasse, « un mélancolique par nature », en proie à la démence, « survivant à soi-même, méconnaissant et soi et ses ouvrages ». Le dépit que Montaigne en

Dans *L'Iliade*, Hector est tué par Achille, qui emporte le corps sans lui accorder de sépulture. Sur l'intervention de Priam, le héros est finalement enterré et Andromaque, dans la pose mélancolique, peut s'abandonner à sa douleur. Sur le tombeau de son époux (ci-dessus), lieu d'une mémoire illusoire, elle se lamente : « De ton lit, tu n'auras pas tendu vers moi tes bras mourants ! Tu ne m'auras pas dit un mot chargé de sens, que je puisse me rappeler, jour et nuit, en versant des larmes. »

conçoit, ajouté à une méfiance de plus en plus grande à l'égard de tous les états de ravissement dans lesquels l'homme est dépossédé de lui-même, lui fait finalement déclarer : « Ces humeurs transcendantes m'effraient, comme les lieux hautains et inaccessibles ; et rien ne m'est à digérer fâcheux en la vie de Socrate que ses extases et ses démoneries. » Les poètes et philosophes de l'Antiquité et de la Renaissance louaient le dépassement de soi auquel menait la mélancolie, Montaigne célèbre au contraire le retrait en soi auquel elle invite, cette « arrière-boutique, toute nôtre, toute franche, en laquelle nous établissons notre vraie liberté et principale retraite et solitude », cette « place secrète, où les tempêtes de la Fortune ne peuvent atteindre » et où « l'âme se retire, pour se maintenir elle-même dans une sérénité éternelle ».

La mélancolie a cessé d'être le lieu imaginaire d'un au-delà de l'homme pour devenir celui d'une intériorité. Quant à l'imagination, qui jusqu'ici fondait la mélancolie, elle en est maintenant dissociée et ne peut plus dès lors prétendre livrer la clé d'aucun monde supérieur. Ses pouvoirs ne sont pas pour autant sous-estimés, et si le délire imaginaire ne peut plus conduire à la sagesse, la sagesse en revanche n'exclut pas de se concilier l'imagination, et même de s'en faire une alliée, car

Ce portrait par Michiel Sweerts (ci-dessus), initialement appelé *En faillite*, représente-t-il un usurier ou un changeur, comme pourraient l'indiquer les livres, la bourse, les pièces de monnaie sur la table, l'encrier et la plume d'oie, ou s'agit-il d'un autoportrait de l'artiste entouré des symboles de la vanité ? De la figure mélancolique, dont la bouche semble esquisser un sourire, émane en tout cas une douceur bien étrangère à la fureur ou au chagrin que la mélancolie évoquait jusque-là.

l'imagination convainc mieux que la raison : « Je traite mon imagination le plus doucement que je puis et la déchargerais, si je pouvais, de toute peine et contestation. Il la faut secourir et flatter, et piper qui peut. » Cette recommandation, tirée du dernier chapitre des *Essais*, annonce déjà l'effort des Lumières visant à se réapproprier, sous le contrôle de la raison, l'ancienne force vive de la mélancolie, l'imagination créatrice, tout en rejetant la mélancolie du côté de la folie ou de la solitude.

L'éviction de la mélancolie

La raison, tel est le maître mot de l'âge classique. Dès 1630, Descartes pose que si les vérités absolues procèdent bien de la volonté immuable de Dieu, elles n'en sont pas une émanation pour autant : Dieu est absolument transcendant et ne se révèle en rien dans sa création. Une frontière hermétique sépare désormais l'ici-bas de l'au-delà. Mais si le lieu du séjour céleste est résolument fermé à l'homme, celui du séjour terrestre en revanche lui revient entièrement : il n'excède plus sa connaissance et, dès lors, peut être compris par sa raison.

Psyché, abandonnée au sommet d'un roc sur le jugement de l'oracle de Millet, est enlevée par Zéphyr qui la conduit dans un bois ombragé près du palais de l'Amour. Dans la représentation qu'en donne Claude Lorrain (ci-dessous), Psyché, seule, la tête dans sa main, attend l'Amour. Cependant, la figure reste secondaire dans la composition du tableau, toute occupée par le vaste paysage et la silhouette inquiétante, au loin, du château. La nature est devenue le premier personnage : miroir de la figure, elle exhale son parfum de mélancolie. Le paysage mélancolique trouvera sa pleine expression avec le romantisme.

Quatre figures masculines que rien ne semble relier entre elles, assises autour d'une table, symbolisent dans ce tableau de Valentin les quatre âges de la vie : un enfant tenant une cage sans oiseau, un jeune homme avec un luth, un soldat couronné de laurier avec un livre, la tête sur son poing gauche, enfin un vieillard, un verre à la main.

La tête appuyée sur la main, le livre, la couronne de laurier, l'écharpe, le regard baissé enfin, contrairement à ceux du musicien et du vieillard, les attributs du soldat se réfèrent sans aucun doute à la mélancolie telle que le XVIIe siècle la redéfinit : une évocation de la vanité – ici celle de la gloire et du savoir. Les trois autres figures ne sont pas moins significatives des vanités de ce monde : le luth du jeune homme, la cage vide de l'enfant, le regard éteint du vieillard, de tout le tableau émane une sourde mélancolie liée à la vanité des biens terrestres et à la fuite du temps. La traditionnelle pose de la mélancolie n'est plus qu'une déclinaison parmi d'autres du thème.

Quant au lieu de la mélancolie, celui du passage vers un au-delà, sa possibilité même a purement et simplement disparu. Dès lors, se réclamer des vapeurs de la bile noire revient pour Descartes à se désigner comme fou. « Et comment est-ce que je pourrais nier que ces mains et ce corps-ci soient à moi ? Si ce n'est peut-être que je me compare à ces insensés, de qui le cerveau est tellement troublé et offusqué par les noires vapeurs de la bile, qu'ils assurent constamment qu'ils sont des rois, lorsqu'ils sont très pauvres ; qu'ils sont vêtus d'or et de pourpre, lorsqu'ils sont tout nus ; ou s'imaginent être des cruches, ou avoir un corps de verre. Mais quoi ? Ce sont des fous ; et je ne serais pas moins extravagant, si je me réglais sur leurs exemples. »

Même ceux qui réservent à la folie une place dans la société ne la relient plus à la mélancolie. « Les hommes sont si nécessairement fous que ce serait être fou par un autre tour de folie que

Réalisées au XVIIe siècle par le sculpteur Caius Gabriel Cibber pour le portail de l'hôpital psychiatrique de Londres, ces deux sculptures (ci-dessous) représentent respectivement la folie furieuse et la mélancolie. L'opposition des termes est significative : dissociée de la fureur et de la sortie de soi qu'elle engendrait (ici marquée par la rupture des chaînes), la mélancolie, loin de révéler une quelconque tension, ne désigne plus qu'une torpeur hagarde (personnage de droite).

de n'être pas fou », écrit Pascal dans ses *Pensées*. « C'est la folie qui fait subsister le monde, lequel apparemment périrait sans son entremise », affirme La Mothe Le Vayer, le précepteur de Louis XIV, dans son *Opuscule sceptique sur cette commune façon de parler « n'avoir pas le sens commun »*. L'imagination, et non plus la mélancolie, est cause de cette folie, l'imagination cette « partie dominante de l'homme », selon Pascal, « cette maîtresse d'erreur et de fausseté, [...], cette superbe puissance ennemie de la raison, qui se plaît à la contrôler et à la dominer [...], qui a ses heureux, ses malheureux, ses sains, ses malades [...], ses fous et ses sages ».

Imagination contre mélancolie

Ce lent divorce entre mélancolie et imagination, le XVIIIe siècle le consacre résolument. Héritant un monde terrestre en passe d'être libéré de l'emprise divine, le philosophe des Lumières voit s'ouvrir devant lui une terre à conquérir. Par la raison et le sentiment – qui désormais définissent le génie –, il entend bien établir un nouveau gouvernement des hommes : « L'alliage de la Raison et de la Sensibilité fait l'homme de génie, l'homme vertueux ; elles se prêtent l'une à l'autre un secours mutuel », écrit Mistelet en 1777. Pourtant, la responsabilité dont se sent investi le philosophe exclut qu'il utilise dans son travail des ressources étrangères à la raison. La poésie peut participer à ce nouveau gouvernement pour autant qu'elle reste sous le contrôle de la raison. Il en va de même pour l'ancienne force

Démocrite est en faveur au XVIIe siècle : son rire sarcastique est préféré aux pleurs qu'Héraclite répand sur la nature humaine (page de gauche, les deux philosophes). Au XVIIIe siècle, la situation s'inverse. Absent de l'*Encyclopédie*, Démocrite cède la place à Héraclite, dont les pleurs sont interprétés comme une preuve d'humanité. La mélancolie va ainsi passer de la figure de Démocrite à celle d'Héraclite : elle était studieuse et stigmatisait la fuite du temps, elle devient timide et sentimentale ; elle désignait la vanité des biens terrestres, elle s'associe désormais à la vanité d'un désir de perfection perçu comme une rêverie.

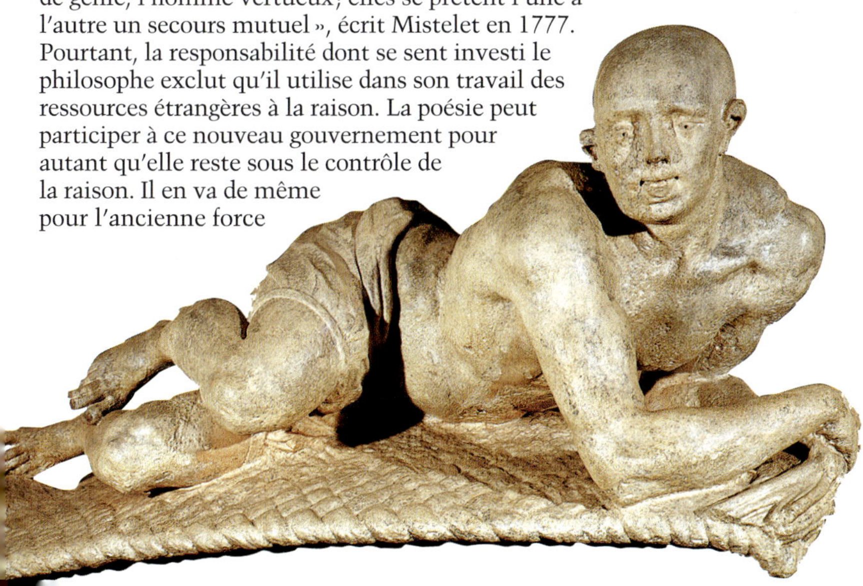

vive de la mélancolie, l'imagination. De fait, dans l'*Encyclopédie*, c'est désormais sous l'entrée « Imagination » que figure tout le vocabulaire de l'ancienne mélancolie, la fureur, l'inspiration, le génie : « Et si l'on appelle ivresse, délire ou fureur, la persuasion que l'on n'est plus soi-même, mais celui que l'on fait agir, que l'on n'est plus où l'on est, mais présent à ce qu'on veut peindre, l'enthousiasme est tout cela. » Surtout, c'est désormais à une « imagination active » que l'on attribue cette vertu et, qui plus est, raisonnable. « Comment l'enthousiasme peut-il être gouverné par le raisonnement ? Voici la réponse : "un poète dessine d'abord l'ordonnance de son tableau, la raison alors tient le crayon. Mais veut-il animer les personnages et leur donner le caractère des passions, alors l'imagination s'échauffe, l'enthousiasme agit : c'est un coursier qui s'emporte dans sa carrière ; mais la carrière est régulièrement tracée"… »
Il est significatif que pas une seule fois le terme de « mélancolie » ne soit cité dans les deux articles que l'*Encyclopédie* consacre à l'imagination, le premier signé par Voltaire, le second par Marmontel.

La douce mélancolie

Dans la même *Encyclopédie*, la mélancolie ne fait plus l'objet que d'un court article, signé par Diderot : « C'est le sentiment habituel de notre imperfection. Elle est opposée à la gaieté qui naît du contentement de nous-mêmes : elle est le plus souvent l'effet de la faiblesse de l'âme et des organes : elle l'est aussi des idées d'une certaine perfection, qu'on ne trouve ni en soi, ni dans les autres, ni dans les objets de ses plaisirs, ni dans la nature ; elle se plaît dans la méditation qui exerce assez les facultés de l'âme pour lui donner un sentiment doux de son existence, et qui

Désormais liée au sentiment davantage qu'aux humeurs ou au génie, la douce mélancolie du XVIIIe siècle suscite une évolution de l'iconographie.
La peinture de Joseph Marie Vien, *La Douce Mélancolie* (page de droite), réalisée en 1756, et la sculpture d'Étienne Maurice Falconet portant le même titre (ci-dessous) peuvent être considérées comme les premières représentations de cette mélancolie assagie. Dans sa critique du Salon de 1765, Diderot s'insurge contre le titre de l'œuvre : « C'est une figure bien mal nommée, c'est la Mélancolie. Imaginer une jeune fille debout, le coude appuyé sur une colonne et tenant dans sa main une colombe. Elle la regarde ; comme elle la regarde ! comme une pauvre recluse regarderait au travers des barreaux de sa cellule deux amants tendres et passionnés. Son bras droit pend bien et négligemment, seulement il est un peu rond. On accuse aussi la draperie de manquer de légèreté par en bas, vers les jambes. À la bonne heure ! mais on n'y reconnaît pas moins l'homme qui possède les physionomies des passions les plus difficiles à rendre. »

L'article « Mélancolie » de l'*Encyclopédie* se réfère à *La Douce Mélancolie* de Vien (ci-contre) : « Monsieur Vien l'a représentée sous l'emblème d'une femme très jeune, mais maigre et abattue : elle est assise dans un fauteuil, dont le dos est opposé au jour ; [...] elle a sa tête appuyée d'une main, de l'autre elle tient une fleur, à laquelle elle ne fait pas attention ; ses yeux sont fixés à terre, et son âme toute en elle-même ne reçoit des objets qui l'environnent aucune impression. » Loin de l'aride Mélancolie figurée sous les traits d'une vieille femme aux vêtements grossiers qui illustre l'*Iconologie* de Cesare Ripa dès l'édition de Padoue datée 1611 (ci-dessous, celle de 1625), la douce Mélancolie de Vien est une figure pleine de grâce. La tristesse et la stérilité que la figure semblait répandre autour d'elle s'est muée en une tristesse tout intérieure.

en même temps la dérobe au trouble des passions, aux sensations vives qui la plongeraient dans l'épuisement [...]. » Loin de l'ancien péril qui guettait l'homme de génie, la mélancolie n'est plus qu'une sage méditation qui paraît bien vaine en regard des révolutions que préparent les Lumières.

Figures de la mélancolie

Dès la première édition de son *Iconologie*, en 1593, Cesare Ripa fixait les traits de la *Malinconia* : « assise sur une pierre, les coudes posés sur les genoux, et les deux mains sous le menton ». Les éléments qui figurent à ses côtés, « un arbre sans feuilles et alentour des pierres », suffisent à évoquer la stérilité de l'attitude : aucune rédemption, aucune connaissance absolue ne peuvent plus venir de la mélancolie. Ce modèle devient vite un poncif dont on peut suivre la reprise tout au long des XVIIe et XVIIIe siècles. N'évoquant plus qu'une vague méditation, il peut en effet s'appliquer à d'autres thèmes et ainsi s'étendre à d'autres iconographies. Il n'y a donc plus *une* mélancolie, mais *des* mélancolies, comme autant de vestiges de l'ancienne grande figure mélancolique de Dürer. Le polyèdre de la gravure du maître allemand, s'il incarnait sans doute, à travers l'image du prisme, les différents ordres de la réflexion, les réunissait encore sous une forme unique. Dans les *Mélancolie* des XVIIe et XVIIIe siècles, l'unité a volé en éclats et ne présente plus qu'une image diffractée, morcelée, parce qu'aucun esprit ni aucune figure ne peuvent plus prétendre englober toute la question du savoir et de la réflexion métaphysique comme au temps de Dürer.

Les lamentations de Jérémie sur la destruction de Jérusalem (ci-dessus, le tableau de Rembrandt) mêlent la mélancolie des habitants et celle du prophète : « Les anciens [...] sont assis à terre, ils sont muets ; ils ont couvert leur tête de poussière [...]. Les vierges de Jérusalem laissent retomber leur tête vers la terre. Mes yeux se consument dans les larmes, mes entrailles bouillonnent, ma bile se répand sur la terre [...]. »

Désignant désormais une limite et non plus une possibilité de dépassement, la mélancolie devient une figure de la vanité. C'est en effet sous l'emblème de la vanité que Domenico Feti, vers 1620, représente dans un tableau intitulé *Mélancolie* une sainte Marie Madeleine méditant sur un crâne. On retrouve cette figure mélancolique, la tête appuyée dans sa main, dans les multiples représentations de Marie Madeleine repentante, celles de Georges de La Tour notamment.

Comme Marie Madeleine, saint Jérôme, image du savoir et de la réflexion, apparaît de plus en plus

“Le Féti la représente [la mélancolie] comme une femme qui a de la jeunesse et de l'embonpoint sans fraîcheur. Elle est entourée de livres épars, elle a sur la table des globes renversés et des instruments de mathématiques jetés confusément : un chien est attaché aux pieds de sa table ; elle médite profondément sur une tête de mort qu'elle tient entre ses mains.”

Description de *La Mélancolie* de D. Feti [ci-contre], *in* l'*Encyclopédie*

Les Mélancolies de Feti (ci-contre et double page suivante, à gauche) et celle de Terbrugghen (double page suivante, à droite) sont des méditations sur la mort. Pour autant, la tête de mort que regarde la sainte n'est qu'un substitut du miroir dans lequel jadis elle se mirait : celui-ci lui renvoyait son image contemporaine, celle-là lui montre son image à venir. C'est bien un miroir, donc un masque, que la mélancolie incarne à travers les vanités. Même les autels funéraires, où la mort est figurée en squelette mélancolique, la dérobent au regard : si elle est pensée de la mort, la mélancolie est surtout un garde-fou contre l'idée de la disparition totale du corps, un rempart que le romantisme va balayer.

souvent dans l'attitude mélancolique. Le modèle s'applique aussi à des thèmes profanes : les philosophes Démocrite et Héraclite, le poète et encore l'artiste. Vanité des biens terrestres pour Marie Madeleine, vanité du savoir pour saint Jérôme, vanité de la réflexion philosophique pour Démocrite et Héraclite, vanité de l'art même pour le poète désabusé, les représentations de la mélancolie ne sont plus désormais que de sages évocations, érudites et apaisées, des affres qui jadis accompagnaient la divine maladie.

En valorisant l'individu sensible en marge de la société, en préférant les ressources de l'imaginaire à celles de la raison, en reconnaissant dans le fantastique un moyen d'expression original, les artistes romantiques renouent avec certains caractères de la mélancolie antique. Dans la figure de Satan ou dans des visions d'un érotisme exacerbé, dans l'attention portée aux cauchemars et l'exaltation de la folie, c'est même tout le vocabulaire de l'*acedia* qui réapparaît.

CHAPITRE 5

LE ROMANTISME : LE DERNIER LIEU MÉLANCOLIQUE

L'enfermement et l'atonie d'une part (page de gauche, *Le Silence* de Füssli), le fantastique aux allures de réel où affleure l'inquiétante présence du Démon d'autre part (ci-contre, *La Stryge*, de Méryon), tels sont les versants de la mélancolie romantique où la folie rôde en maître : « un démon cruel », selon le mot de Baudelaire, finira par emporter l'esprit de Méryon.

Où la mélancolie retrouve le génie

En 1764, dans ses *Observations sur le sentiment du beau et du sublime*, Kant renoue avec la théorie aristotélicienne qui lie mélancolie et génie : « La vraie vertu fondée sur le principe contient en elle quelque chose qui semble s'accorder au mieux avec la disposition mélancolique. » Par vertu, il faut entendre une conscience morale qui hisse le mélancolique au-dessus du commun des mortels : « Toutes les sensations du sublime possèdent pour lui une fascination plus grande que les charmes passagers du beau. »

Cependant, pour le préromantisme puis le romantisme, le sublime n'est plus circonscrit, comme à l'âge classique, au rapport avec le sacré ; ou, plus exactement, la sphère du sacré s'est considérablement étendue et dispersée tout à la fois. Car c'est bien une sorte d'incarnation profane du sacré qu'affirment le préromantisme et le romantisme, une incarnation dont l'Univers, c'est-à-dire la Nature, serait le corps sanctifié. Jadis contenu dans les mains de la divinité, le sacré s'est répandu dans la nature et seul le poète est susceptible d'en reconnaître les fragments épars, et d'en recomposer la partition.

Dans cette quête, l'Antiquité païenne fait figure de modèle : « La mythologie est une [...] œuvre d'art de la nature : dans sa trame prend forme effective ce qu'il y a de plus haut ; tout y est rapport et métamorphose, conformation et transformation », écrit Schelling. Et Orphée et Prométhée seront pour les poètes des guides privilégiés, le premier parce qu'il a eu l'intuition de la totalité de l'être et le pouvoir de commander à la nature, le second parce qu'il a volé le feu aux dieux pour le donner

À l'âge classique, la représentation de l'invention de la peinture est un sujet fréquent (ci-dessus, par Edouard Daege). Le thème, tiré de Pline l'Ancien, raconte comment une jeune femme, se séparant de son amant, dessina les contours de son visage pour en conserver la mémoire. La mémoire est ainsi à l'origine de la peinture – en réalité du dessin –, comme à celle de la mélancolie créatrice. À cet égard, la primauté accordée par les romantiques à l'imagination sur la mémoire, à la couleur sur le dessin suggère une affinité singulière entre couleur et imagination.

aux hommes. « L'homme [...] doit faire comme Prométhée [...]. Il doit ravir au ciel austère l'éternel feu, conquérir son propre mystère et voler Dieu... », exhorte Hugo dans *Les Contemplations*. L'idéal n'est plus inaccessible. Sous les figures d'Orphée et de Prométhée, à travers l'invocation de la nature, il semble au contraire à la portée du poète.

Là encore, comme dans la mélancolie antique, le chemin qui conduit à l'idéal passe par l'imagination, cette « faculté absolue du moi », selon Fichte, « cette reine des facultés », selon Baudelaire. Et cette imagination n'est plus tournée vers le dehors, mais au contraire vers l'intériorité du poète. « Nous sommes doués d'un sens interne qui est en relation avec l'ensemble de l'Univers », affirme Mesmer aux premiers temps du romantisme allemand. Les œuvres visionnaires et hallucinées d'un Johann Heinrich Füssli et d'un William Blake témoignent également de cette descente vers la source de ce sens interne d'où procède aussi une véritable angoisse. Quelle est la place de la mélancolie dans ce nouveau rapport ?

Byron admirait les classiques et affichait un mépris souverain à l'égard des romantiques. Il n'en joua pas moins le rôle du poète romantique – une identification renforcée par la solitude et l'ennui qu'il professait : « Tel était mon amour de la solitude que, si les hommes dont je m'affligeais d'être le frère se trouvaient sur mes pas, je me sentais humilié et dégradé ; je n'étais plus, comme eux, qu'une créature de boue. » Dans une œuvre d'Eastlake (ci-dessus, *Le Rêve de Lord Byron*, 1827), le poète médite à l'écart, dans la pose mélancolique.

Mélancolie et immanence

Si le lien n'est plus entre le monde et le divin, mais entre l'homme et l'Univers, la mélancolie ne s'inscrit plus dans un rapport de transcendance, mais au contraire dans l'immanence. Dès lors, ce n'est plus tant une absence qu'un éloignement qu'elle désigne. Elle est « souffle languissant » selon Novalis, et peut même « se résoudre en un nouveau, un insondable monde ». De l'éloignement et de la solitude que la mélancolie incarne témoignent les *Hymnes à la nuit* du poète : « Le monde gît au loin – enseveli dans un gouffre profond – et désert, solitaire est son lieu. Sur la lyre du cœur passe le souffle d'une lourde mélancolie. » De même, les œuvres de Friedrich représentant des figures isolées perdues dans une nature immense.

De fait, ce n'est pas tant la mélancolie qui, dans le romantisme, va incarner la désespérance et le dégoût du monde que le « mal du siècle ». En Allemagne, le *Weltschmerz* ou « mal du monde » – mot inventé par Richter dans son roman *Selina*, paru en 1827 –, incarnera le rejet du réel ; en Angleterre, ce sera le *spleen*, terme qui en anglais désigne la rate dont

« Ne faire qu'un avec toutes choses vivantes, retourner par un radieux oubli de soi dans le Tout de la nature » : ces mots de Hölderlin dans *Hyperion* pourraient illustrer l'aspiration à laquelle tendent les figures de Friedrich. Mais comme le poète constatant sa misère – « et me voilà isolé dans la beauté du monde » –, le peintre sépare ses figures de la nature qu'elles contemplent : le moine au bord de la mer (ci-dessus) et le voyageur au-dessus de la mer de nuages (page de droite), restent étrangers à l'infini auquel ils aspirent. Et même, c'est leur silhouette, de dos, à contre-jour, qui, opposée à la nature, rend cette dernière plus grandiose encore.

l'Antiquité avait fait le siège des humeurs, notamment de la bile noire ; en France enfin, on parlera d'un « mal du siècle » : d'abord vécu par des personnages de roman – René chez Chateaubriand, Oberman chez Senancour –, il devient ensuite autonome avant que ne soit repris par Baudelaire le mot « spleen » en titre de certains de ses plus grands poèmes.

Lié aux écrivains Tieck et Kleist, au poète Novalis, Friedrich est le peintre majeur du romantisme allemand. Ses immenses paysages figurent le lieu d'une révélation insaisissable.

Mélancolie et folie

Cependant, l'idéal qui semblait accessible, l'âge d'or annoncé ne cessent de se dérober. « Des désirs sans bornes [...] préparent d'éternelles privations », prophétisait déjà Rousseau dans *La Nouvelle Héloïse*. Orphée et Prométhée se métamorphosent en Icare. En désignant un idéal qui se révèle inaccessible, la mélancolie finit par cristalliser l'exaspération du désir et se retourne en malédiction : « la mélancolie a rongé mon chant », note Hölderlin avant de cesser d'écrire. Hölderlin et Lenau font l'expérience de la

Au cours du siècle qui voit l'apparition de la science psychiatrique moderne, les frontières entre mélancolie et folie tendent à disparaître dans les représentations. Ainsi, dans une œuvre de Wilhelm Tischbein, l'ombre d'un homme en position mélancolique finit par parcourir la pièce entière, barrant au passage l'une des œuvres exposées sur le mur (ci-contre) ; ainsi, de manière plus directe encore, dans un dessin de Wilhelm von Kaulbach, *La Maison de fous* (ci-dessus), qui remémore la visite que fit le peintre à l'asile psychiatrique de Düsseldorf, le mélancolique occupe la position centrale à partir de laquelle s'ordonne toute la composition.

folie, Nerval et Kleist se suicident. Dans le même temps, la science psychiatrique naissante commence à analyser les symptômes de la mélancolie. Chez Pinel, chez Esquirol, elle est définie comme une manie, c'est-à-dire une folie, caractérisée par un délire partiel à tendance triste ou oppressive. Dans la tension qui retombe parce que le but rêvé échappe, la mélancolie romantique retrouve en un sens le fond de l'*acedia* antique.

L'invention de la mélancolie moderne

Outre-Rhin, les premiers romantiques se sont enthousiasmés des échos de la Révolution, comme si son avènement confirmait ce pressentiment de la toute-puissance de l'individu, de sa capacité à changer le monde et à le libérer. En France en revanche, la fin de la Révolution et l'effondrement de l'Empire ont laissé un goût de cendre. Là où l'espoir avait nourri les hommes, une amère déception envahit les esprits : « De la hauteur du génie, du respect pour la religion, de la gravité des mœurs, tout était subitement descendu à la souplesse de l'esprit, à l'impiété, à la corruption », se remémore Chateaubriand dans *René*.

C'est dans ce contexte que la mélancolie fait en France l'objet d'une remarquable entreprise de légitimation fondée sur le christianisme.

Fille de la physiognomonie, la représentation des expressions et attitudes des malades mentaux est, pour la science psychiatrique naissante, un complément d'information précieux. Ci-dessus, illustration par Tardieu du traité d'Esquirol, *Des maladies mentales considérées sous les rapports médical, hygiénique et médico-légal.*

Si elles témoignent encore de la représentation classique de la mélancolie au XVIIIe siècle, les deux *Mélancolie* exposées au Salon de 1801 – celle de Constance Charpentier (ci-contre) et celle de François André Vincent (ci-dessous) – apportent néanmoins quelques variations sensibles : outre la disparition du poncif de la tête appuyée sur la main, elles révèlent une réinterprétation des symboles de la vanité. Un saule pleureur et une rivière pour la première, un tombeau et des ruines pour la seconde, tels sont les éléments qui accompagnent désormais la figure mélancolique.

Chateaubriand, dont Théophile Gautier dira qu'il a « inventé la mélancolie moderne », est à l'origine de cette entreprise. Dès 1800, dans sa *Lettre au citoyen Fontanes*, il définit la religion chrétienne comme « essentiellement tendre et mélancolique ». La même année, dans *Le Mercure de France*, il établit une filiation entre la mélancolie de ses contemporains et celle des premiers moines : « Une prodigieuse mélancolie dut être le fruit de cette vie monastique ; car la mélancolie s'engendre au vague des passions. »

D'où vient ce « vague des passions », quel est-il ? La réponse est donnée en 1802 dans le *Génie du christianisme* : « La religion chrétienne nous offre sans cesse le double tableau des chagrins de la terre et des joies célestes, et par ce moyen, elle fait dans le cœur une source de maux présents et d'espérances lointaines, d'où découlent d'inépuisables rêveries [...]. Mais de nos jours, quand les monastères, ou la vertu qui y conduit, ont manqué à ces âmes ardentes, elles se sont trouvées étrangères au milieu des hommes. Dégoûtées par leur siècle, effrayées par leur religion, elles sont restées dans le monde, sans se livrer au monde : alors elles sont devenues la proie de mille chimères ; alors on a vu naître cette coupable mélancolie qui s'engendre au milieu des passions, lorsque ces passions, sans objet, se consument d'elles-mêmes dans un cœur solitaire. » En 1827, dans la *Préface de Cromwell*, Hugo reprend

l'analyse de Chateaubriand : « Avec le christianisme et par lui s'introduisait dans l'esprit des peuples un sentiment nouveau, inconnu des anciens et singulièrement développé chez les modernes, un sentiment qui est plus que la gravité et moins que la tristesse, la mélancolie. » Hugo y voit une vertu positive, une « faculté inattendue » qui permet à l'homme de « prendre en pitié l'humanité », de « méditer sur les amères dérisions de la vie ».

Si Chateaubriand (portrait ci-contre par Anne Louis Girodet) et Hugo font de la mélancolie un mal moderne, un sentiment inconnu des anciens, c'est bien que le sens du mot a changé. Désormais perçue comme un fruit de la culture, une culture dont la richesse s'oppose aux pauvres possibilités qu'offre l'existence, la mélancolie désigne un désir qui ne peut se combler.

“Le grand nombre d'exemples qu'on a sous les yeux, la multitude de livres qui traitent de l'homme et de ses sentiments, rendent habile sans expérience. On est détrompé sans avoir joui ; il reste encore des désirs et l'on n'a plus d'illusions. L'imagination est riche, abondante et merveilleuse ; l'existence pauvre, sèche et désenchantée.”

Chateaubriand, *Génie du christianisme*

La série de dessins mélancoliques de Sergel (double page suivante) résulte d'abord d'un mal physique : « Je fus atteint de la goutte remontée sur les intestins dont j'ai été malade deux ans, elle se jeta sur les nerfs et m'a occasionné cette mélancolie effroyable. »

Söker Enslighet
1795

Qu'il s'agisse de la « coupable mélancolie » de Chateaubriand ou du « génie de la mélancolie et de la méditation » d'Hugo, la mélancolie s'inscrit désormais dans une perspective spirituelle : l'idéal qu'elle désigne sans l'atteindre n'est plus seulement l'espace infini et sacré que serait la Nature, il a partie liée avec le temps, lui aussi infini, qui dépossède l'être de toute illusion.

Dans les cours d'esthétique qu'il professe de 1818 à 1829, Hegel, lui aussi, voit dans le temps la substance même de la mélancolie : « C'est là ce souffle de tristesse au milieu de la grandeur, que des hommes pleins de sagacité ont ressenti en présence des images des dieux anciens, malgré leur beauté parfaite et le charme répandu autour d'eux. » La mélancolie exprime l'impossibilité de se contenter d'une telle contemplation, le contentement signifiant « l'approbation intérieure que l'individu se donne à lui-même ». Elle désigne donc là aussi un au-delà temporel : « La beauté libre et parfaite ne peut se contenter de cet accord avec une existence déterminée et finie ; son individualité, au moral et au physique, bien qu'elle ait un caractère propre et déterminé, ne se retrouve véritablement que comme libre universalité, spiritualité se reposant en elle-même. »

Cette mélancolie liée à une aspiration spirituelle se retrouve chez Baudelaire : « Quand un poème exquis amène les larmes au bord des yeux, ces larmes ne sont pas la preuve d'un excès de jouissance, elles sont bien plutôt le témoignage d'une mélancolie

L'œuvre de Füssli relève de l'esthétique du sublime (*Autoportrait*, page de droite). En Italie, le peintre découvre les œuvres de l'Antiquité : *Le Désespoir de l'artiste devant la grandeur des ruines antiques* (ci-dessus) témoigne du poids écrasant de cette mémoire pour l'artiste, un poids qui l'autorise seulement à pleurer sur la monumentale sculpture antique d'un pied, tandis qu'au second plan, une main à l'index levé désigne des hauteurs inaccessibles, ou peut-être invite l'artiste à se résigner.

irritée, d'une postulation des nerfs, d'une nature exilée dans l'imparfait et qui voudrait s'emparer immédiatement, sur cette terre même, d'un paradis révélé. »

Au dépassement, à l'autre monde qu'a toujours visé la mélancolie et dont la nature se présente dans le romantisme comme la dernière figure, se substitue une éternité. La mélancolie a basculé dans le temps. Mais en éprouvant l'enfermement dans un temps fini, elle retrouve aussi les démons de l'*acedia*.

« Ceux-là étaient d'Odilon Redon. […] Pris d'un indéfinissable malaise, devant ces dessins, comme devant certains *Proverbes* de Goya qu'ils rappelaient ; comme au sortir aussi d'une lecture d'Edgar Poe dont Odilon Redon semblait avoir transposé, dans un art différent, les mirages d'hallucination et les effets de peur, il se frottait les yeux et contemplait une rayonnante figure qui, du milieu de ces planches agitées, se levait sereine et calme, une figure de la Mélancolie, assise devant le disque d'un soleil, sur des rochers, dans une pose accablée et morne [ci-contre]. »

Joris-Karl Huysmans, *À rebours*

Nadar

Baudelaire (page de gauche), Schumann (ci-contre, en haut), Hugo (en bas)… On pourrait citer bien d'autres créateurs que la photographie a saisis dans la pose mélancolique, comme si celle-ci suffisait à définir, sinon leur profession, du moins le domaine dans lequel elle s'exerce : la création. Pose emblématique qui tout à la fois traduit et la concentration et la lassitude (au centre, Rimbaud croqué par Verlaine), elle condense la dualité intrinsèque de la mélancolie créatrice.

En 1851, Nerval, dans son *Voyage en Orient*, dit magnifiquement cette ambivalence de la mélancolie, sa noirceur et sa lumière : « Je ne veux pas dire qu'un éternel été fasse une vie toujours joyeuse. Le soleil noir de la mélancolie, qui verse des rayons obscurs sur le front de l'ange rêveur d'Albrecht Dürer, se lève aussi parfois aux plaines lumineuses du Nil, comme sur les bords du Rhin, dans un froid paysage d'Allemagne. » Le soleil noir aura finalement raison de l'écrivain. Quatre ans plus tard, il est retrouvé pendu près de la place du Châtelet, un funèbre écho aux pendus qui figuraient parmi les enfants de Saturne au Moyen Âge.

La part du diable : l'*acedia* romantique

Même abattement de l'âme et du corps, même ennui et même impatience alternés, même sentiment d'enfermement suscitant un désir de fuite, même emprise de l'imagination vécue comme l'œuvre du Démon, même désert enfin où devait advenir la contemplation de l'idéal mais d'où ne surgissent plus que des visions cauchemardesques, les ressemblances entre la mélancolie romantique et l'*acedia* sont à bien des égards frappantes, à tel point que parfois l'on croit encore entendre Évagre. « Mon âme est aussi triste que mon corps est malade », déclare Lamartine, tandis que Benjamin Constant évoque la fatigue, l'incertitude, l'absence de force…

Ce sentiment d'accablement devient si répandu que, dès 1859, il donne naissance à un terme nouveau, la « névrasthénie », qui se transformera en 1880 en « neurasthénie ». Au « relâchement de l'âme » qui, pour Évagre, caractérisait l'*acedia* répond le « relâchement spirituel » qu'évoque Barbey d'Aurevilly dans ses *Memoranda* ; aux imaginations débridées de l'anachorète font écho les œuvres mettant en scène Satan.

Car à la présence du démon dans l'*acedia* répond celle du diable dans le romantisme.

Le poète et l'artiste voient désormais en lui un agent et une figure de leur expérience : comme Satan, ils ont voulu égaler Dieu ; comme lui, ils ont été durement châtiés. La beauté ne peut plus être que la part du diable : elle désigne certes un idéal, mais inaccessible et, de ce fait, désespérant.

Si pour l'Antiquité et la Renaissance la mélancolie désignait l'envol de l'âme, pour le romantisme elle ne signifie plus qu'une terrible pesanteur, celle que le moine éprouvait du fond de sa cellule et qui lui faisait lever vers le ciel des yeux incrédules. Mais le recours à la figure de l'ange déchu qu'est Satan dit aussi l'espoir d'un pardon et d'une ultime rédemption qui libéreraient le poète de sa mélancolie. Chez Milton, chez Goethe, chez Vigny, chez Hugo... Dieu peut pardonner à Satan.

Les auteurs ecclésiastiques ne sont pas en reste : Caillaux, l'abbé Constant et Esquiros annoncent la rédemption finale de l'ange déchu qui, « agitant avec effort ses longues ailes couvertes de poussière et de ténèbres, [...] reprendra son vol vers les clartés du ciel ». Satan pardonné, le mal pourrait prendre fin, et la mélancolie retrouver ses ailes.

L'œuvre de Goya *Le sommeil de la raison engendre des monstres* (page de gauche, en haut) a été initialement conçue pour servir de frontispice à la série des *Caprices* éditée en 1799. Un homme endormi y est la proie de monstrueuses visions peuplées d'oiseaux inquiétants, d'un « cauchemar plein de choses inconnues », selon le mot de Baudelaire dans son poème *Les Phares*. À la charnière du XIXe et du XXe siècle, dans l'œuvre de Stuck (page de gauche, en bas, *Lucifer*, 1891, et ci-dessus, *L'Enfer*, 1908), le monde des ténèbres occupe désormais le devant de la scène.

Chez Jean-Paul Richter puis chez Nerval, cependant, un terrible doute prend corps : Satan, au lieu de retourner vers Dieu, ne l'aurait-il pas finalement mis à mort ? C'est la question que Nerval met dans la bouche du Christ s'adressant à son père : « Aurais-tu succombé sous un dernier effort / De cet ange des nuits que frappa l'anathème [...] ? » « Le dieu manque à l'autel, où je suis la victime... Dieu n'est pas ! Dieu n'est plus. » Nietzsche, dans *Ainsi parlait Zarathoustra*, donnera à cette question la réponse que l'on sait : « Mais qui donc t'enlèverait ta mélancolie des épaules ? Je suis trop faible pour cela. En vérité, nous pourrions attendre longtemps jusqu'à ce que quelqu'un te ressuscite ton Dieu. Car ce Dieu ancien ne vit plus : il est foncièrement mort, celui-là. »

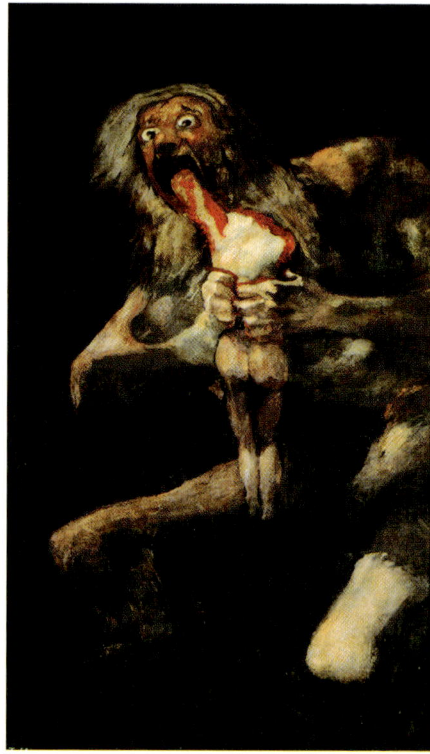

Saturne dévorant l'un de ses enfants par Goya (ci-dessus, 1821-1823) relève d'une vision imaginaire : un dieu qui tient de l'épouvantail plus que de l'ogre terrifiant, un enfant sans tête ni bras qui ressemble à une poupée de chiffon. C'est l'irréalité de la représentation qui frappe d'abord, à l'opposé de celle que Delacroix donne quelques années plus tard d'un autre carnage : *La Mort de Sardanapale.*

Face à l'absence de Dieu

La mélancolie finalement ne peut s'épanouir que dans un rapport transcendant. Que la tension se rompe entre l'individu et l'au-delà auquel il aspire et la mélancolie n'est plus qu'une pesanteur dont le poids rappelle sans cesse l'aspiration déçue et qui jamais ne se comblera.

Pourtant, il ne suffit pas de proclamer la mort du divin pour que celle-ci soit effective, et c'est en définitive une absence tapageuse, un silence bruyant qui vont caractériser les formes ultimes de la mélancolie romantique. La colère, la rage même que suscite l'absence du divin témoigne encore de la figure divine puisque c'est contre elle que sont dirigés les appels et les cris. À cet égard, la tentation sacrilège s'offre comme une dernière provocation,

Inspirée d'une tragédie de Byron, *La Mort de Sardanapale* (ci-contre), peinte par Delacroix en 1827 et immédiatement considérée comme un manifeste du romantisme, représente le roi assyrien vaincu au moment où il ordonne le meurtre de ses femmes. La violence de la scène, servie par une formidable explosion de couleurs et de formes, culmine dans le personnage du tyran (étude ci-dessous), dont la suprême indifférence et l'élégante pose mélancolique forment un saisissant contraste avec l'enchevêtrement des corps contorsionnés. Une solitude radicale, un dédain violent, tels sont bien les caractères de la mélancolie romantique.

doublée d'une supplique : pour bien des auteurs de la fin du romantisme, proclamer l'absence de Dieu, c'est encore espérer un démenti. Les folles imaginations abandonnées à elles-mêmes disent l'enfermement où est réduite l'humanité et l'exaspération de son désir, comme les imaginations du moine disaient son souhait ardent d'accéder à la vision tant espérée de la divinité. La tentation sacrilège dit surtout la mort qui attend, celle que regarde la femme mélancolique de Goya à l'aube du romantisme, cette mort symbolisée par la faux autour de laquelle s'est enroulé le serpent du péché, et, au terme du romantisme, celle que Sardanapale fait donner aux femmes de son harem avant de se suicider. Se délecter orgueilleusement de la mort est encore un défi.

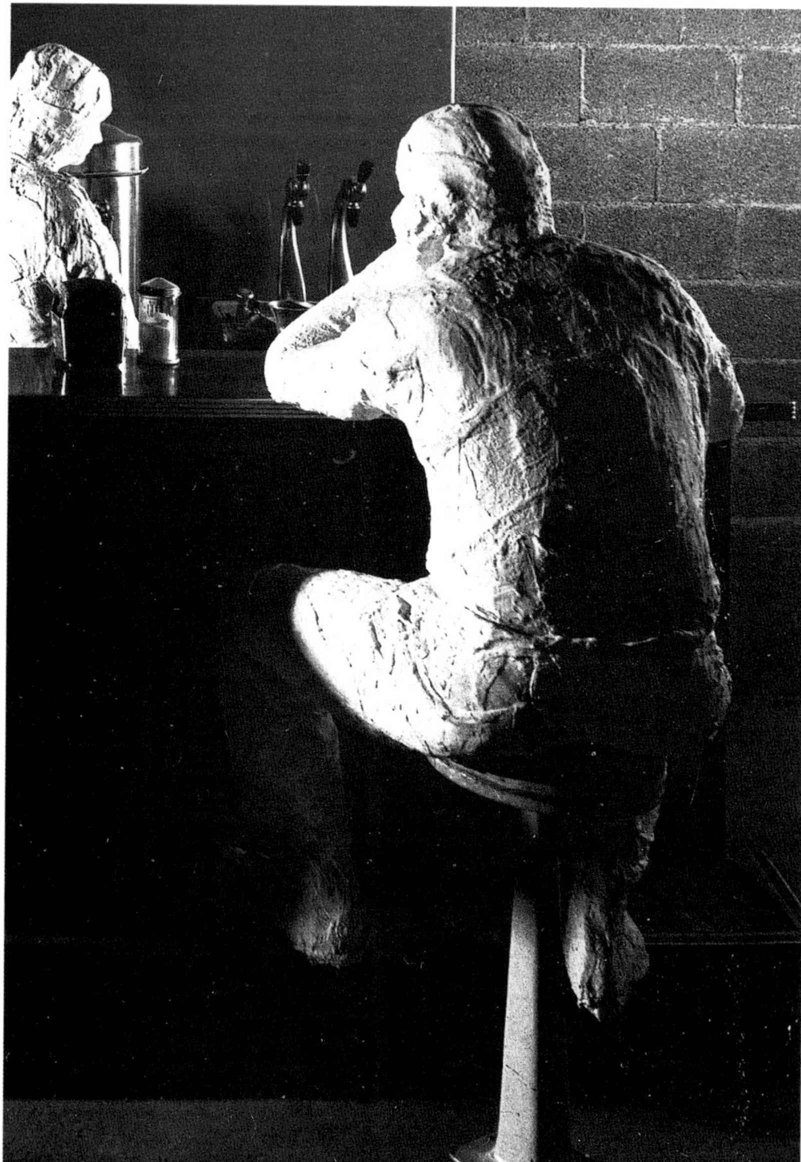

S'il a rétabli l'imagination dans le champ mélancolique, le romantisme n'en a pas moins éprouvé la perte du rapport de transcendance et le basculement de la mélancolie dans le temps : ce qui n'était encore qu'une figure de style au siècle des Lumières, sous les traits de la vanité, est devenu une réalité. Dans quel rapport désormais la mélancolie, privée de tout au-delà, va-t-elle s'inscrire ?

CHAPITRE 6

L'APRÈS-ROMANTISME OU LE TEMPS DE CHRONOS

Envolé l'espoir d'une communion avec la nature, anéantie l'idée d'un lieu où l'homme accomplirait son propre dépassement, finis même les cris et la fureur qui avaient escorté la disparition du Dieu. Face à un monde étranger (ci-contre, la *Mélancolie* de Munch), à une humanité désespérée où les lieux publics ne sont plus que des lieux de solitude (à gauche, *Le Bar*, de G. Segal), la mélancolie « rentre en elle-même ».

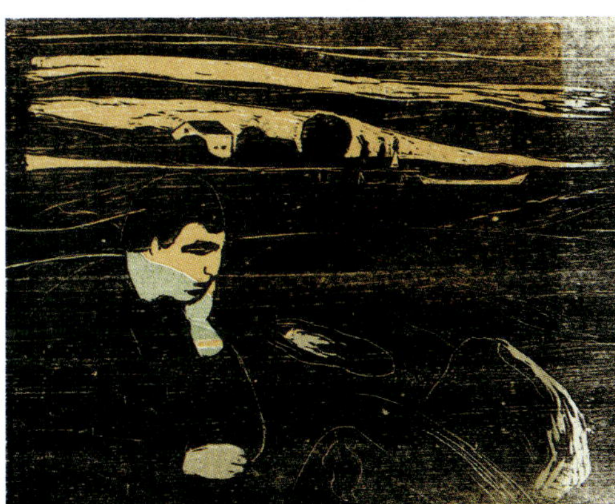

Les chambres de la mémoire

Que la mélancolie après le romantisme résulte de la perte de la transcendance, qu'elle s'assimile désormais à l'errance de l'individu dans l'immanence, Kierkegaard, détaché du romantisme de sa jeunesse, l'affirme dès 1843 dans *L'Alternative*. « Qu'est-ce que la mélancolie ? L'hystérie de l'esprit. Il vient dans la vie de l'homme un moment où l'immédiateté étant pour ainsi dire à maturité

Photographier (ci-contre, patiente en délire mélancolique), établir des « types » (à droite, portrait formé par huit visages de mélancoliques), nommer enfin, telles sont les tâches auxquelles s'appliquent les psychiatres de la seconde moitié du XIXe siècle. De la mélancolie, ils retiennent les deux phases opposées, délire et dépression. Folie circulaire, folie à double forme, la mélancolie est finalement assimilée à la folie maniaco-dépressive. Mais nommer, c'est aussi se débarrasser de la chose. Or Freud, qui assiste aux cours de Charcot à Paris, va renouveler l'étude des malades mentaux, ces « las de vivre » (ci-dessus, par Ferdinand Hodler), ces importuns qu'on suspecte de fabuler, dont font partie les mélancoliques.

réclame une forme de vie supérieure et veut se saisir comme esprit. L'homme, comme esprit immédiat, entre dans la trame de toute la vie terrestre : le moment venu, l'esprit cherche en quelque sorte à se dégager de cette dispersion, à se concentrer et à trouver en lui-même son explication : la personnalité veut prendre conscience d'elle-même en sa valeur éternelle. Si elle n'y réussit pas, le mouvement s'arrête, est refoulé, et la mélancolie survient. » Hystérie, refoulement, la mélancolie de Kierkegaard, loin de révéler la valeur de l'être, n'est que le piètre aboutissement d'un esprit qui croyait pouvoir se saisir immédiatement par la seule

force de sa volonté.
Mais si elle révèle ainsi l'impossiblité d'une telle saisie, elle indique aussi que la révélation peut advenir autrement, non pas dans l'immédiat, mais au contraire dans la médiation. La mélancolie devient alors un détour, un rapport médiatisé et c'est au temps que Kierkegaard attribue ce pouvoir.

Dans son *Journal*, en 1850, il note ainsi : « J'ai eu des dons extraordinaires [...]. Même quand j'ai le plus fortement le sentiment de moi-même, je dis : j'ai eu... C'est là une unité de mélancolie, de réflexion et de crainte de Dieu ; et cette unité est mon essence. » C'est donc par la médiation du passé que la mélancolie peut encore se développer et ouvrir l'individu à l'expérience de l'être.

Dès le XIXe siècle, maints écrivains témoignent de cette association entre mélancolie et mémoire. En 1820, Leopardi, contemporain du mouvement romantique, auquel on ne saurait le réduire, écrit dans son *Journal* : « Les rares fois où j'eus un peu de chance ou une occasion de me réjouir, au lieu de manifester ma joie, je penchais naturellement vers la mélancolie, du moins en apparence [...] je craignais de troubler ce contentement serein et calme, de l'altérer, de le gâter, de le perdre en l'exposant à tous vents. Et je confiais à la mélancolie le soin de conserver ma joie. »

Freud veut croire à la vérité des paroles délirantes prononcées par les malades. Rendant à l'observation son sens plein, prenant en compte les perturbations engendrées par la relation du thérapeute au patient, il ajoute foi aux explications données par les malades eux-mêmes, et constate qu'elles font toutes référence à un passé lointain. C'est donc d'abord à un travail sur la mémoire que s'attelle celui qui va devenir le père de la psychanalyse, une mémoire-source, d'où il s'agit de faire remonter des images et fantasmes oubliés.

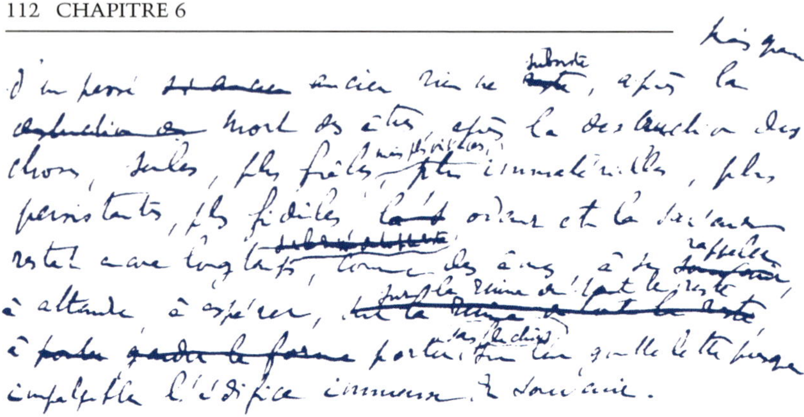

La même attitude se lit chez Flaubert trente ans plus tard : écrivant d'Égypte à Louis Bouilhet en 1850, le romancier évoque les femmes cherchant à l'attirer du seuil de leurs maisons. « Eh bien ! J'ai résisté, exprès, par parti pris, afin de garder la mélancolie de ce tableau et faire qu'il restât plus profondément en moi. Aussi je suis parti avec un grand éblouissement et que j'ai gardé. [...] Si j'eusse cédé, une autre image serait venue par-dessus celle-là et en aurait atténué la splendeur. » « La mélancolie n'est qu'un souvenir qui s'ignore », écrit-il d'ailleurs dans une autre lettre. De fait, dans la littérature, la mélancolie devient une espèce de nostalgie, le lieu même de la mémoire où les images peuvent se conserver intactes, une gigantesque « recherche du temps perdu », qu'évoque l'œuvre de Proust. Aussi le terme « mélancolie » peut-il désormais être employé au pluriel : on parle des mélancolies

L'homme a toujours eu le souci d'une vie au-delà de la mort – et que de lui, de son nom, tout ne disparaisse pas. Pour cela, il a élevé des monuments (ci-contre, une tombe au cimetière du Père Lachaise) ou suscité des images (à droite, Rilke et L.A. Salomé). Pour cela, il a écrit des livres où ses souvenirs se perpétuent, où le temps ne soit plus seulement « perdu ».

❝Quand d'un passé ancien rien ne subsiste, après la mort des êtres, après la destruction des choses, seules, plus frêles mais plus vivaces, plus immatérielles, plus persistantes, plus fidèles, l'odeur et la saveur restent encore longtemps, comme des âmes, à se rappeler, à attendre, à espérer, sur la ruine de tout le reste, à porter sans fléchir, sur leur gouttelette presque impalpable, l'édifice immense du souvenir.❞
Marcel Proust, *Du côté de chez Swann* [en haut]

De ce repli dans un temps révolu, les peintres témoignent aussi. En 1912, De Chirico peint un tableau représentant une statue de femme allongée au milieu d'une place désertée où seules deux silhouettes humaines se détachent au loin, fantomatiques, sur fond de cheminées d'usines. Melanconia, telle est l'inscription qui figure sur le socle de la statue (double page suivante, à droite). Figée dans le marbre, érigée sur un socle qui tient du tombeau plus que du piédestal, elle ne témoigne plus que d'une mémoire, d'un souvenir. De même, la femme mélancolique de Sironi (double page suivante, à gauche) s'apparente à une singulière remémoration : comme la *Malinconia* de Ripa, la femme de Sironi est assise sur un rocher, les yeux baissés ; comme la *Melencolia* de Dürer, elle fait face à une sphère. La mélancolie appartient au passé : si elle évoque encore une présence, c'est une présence perdue dont on ne peut plus sentir que le manque, l'absence.

d'une ville, d'une personne, du passé, comme d'autant de souvenirs dont l'évocation est précieuse.

Deuil et mélancolie

Veut-on couper la mélancolie de ce recours au passé ? Elle tombe dans la pathologie. C'est ce qu'indique Freud dès 1915 en comparant la mélancolie au deuil. L'une et l'autre en effet entraînent « une dépression profondément douloureuse, une suspension de l'intérêt pour le monde extérieur, la perte de la capacité d'aimer, l'inhibition de toute activité » ; mais, distincte en cela du deuil, la mélancolie provoque « la diminution du sentiment d'estime de soi ». Surtout, tandis que dans le deuil l'objet perdu est clairement identifié, il échappe à la conscience dans la mélancolie. Seule la relation à une perte est sensible. Elle est même tellement essentielle que le sujet la fait sienne : la perte de l'objet se transforme en une perte du moi.

MELANCONIA

1930

Contrairement aux descriptions des écrivains où le recours au passé permettait de sauver la médiation désignée par la mélancolie, la description de Freud explique la mélancolie pathologique par la rupture de ce lien : la perte qui la suscite, c'est d'abord la rupture avec un passé où dominait un idéal, rupture qui défait l'unité de l'être lui-même.

Dans l'Antiquité, la mélancolie, à partir des images de la mémoire, accédait à l'imagination et, à travers elle, permettait de sortir de soi-même. À la charnière des XIXe et XXe siècles, la mélancolie a reflué de l'imagination dans la mémoire. Et même, elle semble de plus en plus étrangère aux prestiges de l'imaginaire. Le surréalisme, qui réserve à l'imagination une place essentielle, n'accorde aucune place à la mélancolie. Chez Gide, chez Claudel, elle est un péril à éviter, nuisible à l'imagination : « Toute ma vie, j'ai essayé de vivre en avant et de me dégager de cette mélancolie, de ce regret des choses passées qui ne mène à rien qu'à affaiblir le caractère et l'imagination », affirme Claudel. À Valéry, la mélancolie inspire même une vraie répulsion en ce qu'elle stérilise la pensée : « Monsieur Teste n'avait pas d'opinions. Je crois qu'il se passionnait à son gré, et pour atteindre un but défini. Qu'avait-il fait de sa personnalité ? Comment se voyait-il ?... Jamais il ne riait, jamais un air de malheur sur son visage. Il haïssait la mélancolie. »

La mélancolie et l'enfermement

Si la mélancolie trouve encore dans le recours à la mémoire un lieu, en revanche, dans le présent, elle conduit à un enfermement radical. Nul espace et nul temps ne semblent

En 1937, Antonin Artaud (ci-dessous, *Autoportrait*), figure emblématique du génie mélancolique atteint de fureur, est interné. Si les médecins s'accordent pour faire de sa mémoire le lieu de sa maladie, c'est selon une tout autre méthode que celle de Freud qu'ils vont « soigner » leur patient. « J'ai passé 9 ans dans un asile d'aliénés. On m'y a fait une médecine qui n'a cessé de me révolter. [...] Le Dr Ferdière m'a imposé 50 fois en 3 ans les affres de l'électrochoc afin de me faire perdre la mémoire de mon moi qu'il trouvait beaucoup trop conscient. »

plus en mesure de lui offrir un champ où se déployer. Chez le peintre polonais Jacek Malczewski, en 1894, chez l'Allemand Otto Dix, en 1930, la mélancolie prend place dans un univers clos et étouffant, celui de l'atelier du peintre pour le premier, celui d'une chambre sordide pour le second.

Dans l'un et l'autre de ces espaces, les fenêtres n'offrent aucune échappatoire : celle de Malczewski est fermée et gardée par un mystérieux personnage vêtu de noir, celle d'Otto Dix, bien qu'ouverte, ne découvre aucun horizon : un incendie qui ressemble à une apocalypse barre résolument toute perspective. Quant aux figures qui peuplent ces lieux clos, elles semblent en proie à une sorte de folie furieuse : les personnages de Malczewski sont pris dans un gigantesque mouvement panique et la femme d'Otto Dix, qui tient plus de la sorcière que de la déesse, rejette autant qu'elle le retient un homme qui n'est en réalité qu'un mannequin de bois.

Si elles n'exaltent pas la même violence, les *Mélancolie* de Munch, puis de Hopper, témoignent du même enfermement de l'individu, de la même

Quand la foi dans le progrès s'étiole, quand l'avenir n'incarne plus l'espoir mais la peur, l'histoire se confronte à la mélancolie. Chez Malczewski (ci-dessus), chez Sironi (double page précédente, à droite), chez Dix (double page précédente, à gauche), ce sont successivement l'histoire de la Pologne épuisée par les échecs des insurrections, celle de l'Italie sous la botte fasciste, celle de l'Allemagne en proie à la crise d'où naîtra le nazisme, qui sont évoquées sous l'appellation mélancolie, une mélancolie qui s'assimile à la fin des utopies qui avaient bercé les XVIIIe et XIXe siècles.

solitude radicale, et finalement du même ennui incommensurable. Or, c'est précisément dans l'ennui que la mélancolie créatrice va surgir de nouveau.

La mélancolie et l'ennui

Dans les cours qu'il donne en 1929-1930 à l'université de Fribourg, *Les Concepts fondamentaux de la métaphysique*, Heidegger fait de l'ennui la « tonalité fondamentale » de l'être. L'être cependant ne se confond pas avec l'homme. Il est toujours au-delà ou en deçà de l'homme, mais dans le même temps il ne se révèle que dans sa relation à l'homme. L'être est donc toujours hors de lui-même, et si l'ennui est sa « tonalité fondamentale », ce même ennui est aussi à l'origine de toute création en ce qu'il révèle l'écart entre l'homme et l'être, et donc un manque, et le besoin d'essayer de le combler dans et par l'œuvre. Or l'ennui, en désignant ce hiatus, pointe en réalité vers la mélancolie : « Créer, c'est librement configurer. Il n'est de liberté que là où un fardeau est pris en charge. [...] Tout agir créateur est dans la mélancolie. » Aussi, « la philosophie se tient, en tant qu'action créatrice, dans la tonalité fondamentale de la mélancolie ». Heidegger retrouve ainsi le *Problème XXX* d'Aristote : la mélancolie induit la création dans la mesure où elle désigne d'abord un écart, une inadéquation fondamentale entre l'homme et son propre dépassement vers un au-delà, que celui-ci soit une Divinité, un idéal ou l'être même.

Qu'il s'agisse là de l'une des expériences les plus profondes de la conscience de l'homme, le XXe siècle le réaffirme fortement. En 1938, Sartre intitule

Dès le milieu du XIXe siècle, Flaubert fait de l'ennui la condition de son saint Antoine : « Ah ! Que je m'ennuie ! Que je m'ennuie ! Je voudrais faire quelque chose et je ne sais quoi ; je voudrais aller quelque part, je ne sais où ; je ne sais pas ce que je veux, je ne sais pas ce que je pense, je n' ai pas même la volonté de désirer vouloir. » Un siècle plus tard, l'ennui, selon Sempé (ci-dessus), peut aussi se dire – et se vivre – dans le cabinet du psychanalyste.

Melancholia un roman dont le héros fait l'expérience du néant. Le titre, refusé par Gaston Gallimard, deviendra finalement *La Nausée*. En 1963, Julien Green formule à nouveau le lien entre la mélancolie et la conscience de l'existence vécue comme une étrangeté radicale : « À un moment que je n'arrive pas à situer je me trouvai assis devant la fenêtre quand j'eus tout à coup la conscience d'exister. Tous les hommes ont connu cet instant singulier où l'on se sent brusquement séparé du reste du monde par le fait qu'on est soi-même et non ce qui nous entoure... Je sortis à ce moment-là d'un paradis. C'était l'heure mélancolique où la première personne du singulier fait son entrée dans la vie humaine pour tenir jalousement le devant de la scène jusqu'au dernier soupir. Certes, je fus heureux par la suite, mais non comme je l'étais auparavant, dans l'Éden d'où nous sommes chassés par l'ange fulgurant qui s'appelle Moi ».

L'isolement dans la ville, l'anonymat des individus, la stupeur qui s'affiche sur les visages et empêche d'y pénétrer... les œuvres d'Edward Hopper (ci-dessous, *New York Movie*) témoignent d'un irrémédiable écart entre le réel et l'individu, un écart d'autant plus inquiétant qu'il est suggéré dans des scènes banales, au réalisme quasi photographique. L'« inquiétante étrangeté » devient ainsi l'unique signe d'une conscience plus vaste que l'existence qui l'enferme.

«[...] Je ne puis jamais voir ou revoir dans un film des acteurs dont je sais qu'ils sont morts, sans une sorte de mélancolie : la mélancolie même de la Photographie [...]. Contemporaine du recul des rites, la Photographie correspondrait peut-être à l'intrusion, dans notre société moderne, d'une Mort asymbolique, hors religion, hors rituel, sorte de plongée brusque dans la Mort littérale.»

Roland Barthes, *La Chambre claire*

Pour peu qu'elle s'attache à saisir des êtres vivants, la photographie exhale par elle-même cette saveur mélancolique que Roland Barthes a décrite (ci-contre, une photographie de *La Dolce Vita*, de Fellini). Mais la mélancolie d'une photographie peut aussi provenir de l'intention de son auteur : qu'il projette l'état de son âme dans un lieu, quel qu'il soit, l'artiste joue d'une distance, d'une absence. Ainsi des photographies d'Alain Balmayer (page précédente) où des objets rappelant une humanité invisible – ici des panneaux indicateurs ou des pylônes à haute tension, là des tables vides attendant d'improbables promeneurs sur une plage d'où la mer semble s'être retirée – sont autant de signes absurdes.

Le regard mélancolique

Que la mélancolie soit intimement liée au regard, c'est-à-dire à l'image, toute son histoire en témoigne. L'image idéelle de Platon, l'image vraie d'Aristote gouvernaient l'imagination dans la mélancolie antique, et donnaient au regard sa visée. Avec l'*acedia*, le regard, parce qu'il s'est détourné de la contemplation divine, laisse au contraire le champ libre à une imagination débridée, nourrie d'images trompeuses et de simulacres. Ainsi, hormis dans ses représentations des tentations de saint Antoine qui précisément s'abandonnent aux flots monstrueux de l'imagination, le Moyen Âge représente le mélancolique et l'acédique le regard baissé vers la terre, ou errant dans le vague, et même si, à l'aube de la Renaissance, Dürer restitue dans sa *Melencolia I* la tension du regard, celui-ci n'en est pas moins dirigé vers un objet dont l'absence dans la gravure jette un doute sur sa réalité même.
Au XVIIe siècle, la mélancolie ne trouve plus guère d'horizon que celui de la mort : c'est sur un crâne que bute le regard mélancolique, symbole de la limite et donc de la vanité de toute ambition idéale. Il n'en va pas différemment au siècle suivant, quand celui-ci n'édulcore ou n'affadit pas trop le « sentiment » mélancolique.

L'iconographie de la mélancolie est donc toujours une iconographie du deuil ; ce qu'elle met en scène est d'abord une absence. De fait, la période qui produit le moins d'œuvres intitulées *Mélancolie* est précisément le romantisme, qui veut croire en un lien vivant entre l'homme et l'idéal, lien qui tiendrait au rapport de l'homme à la nature.

À la fin du XXe siècle, on ne trouve plus que des allusions éparses et ironiques à l'iconographie de la mélancolie, une mélancolie qui, si elle désigne toujours une aspiration métaphysique, s'assimile désormais à une contradiction fondamentale. Ainsi la *Melancholia* d'Anselm Kiefer (ci-dessous), représentée par un avion fabriqué dans le matériau même de la mélancolie, le plomb. L'avion certes ne volera pas, mais sa forme évoque néanmoins un chasseur-bombardier Messerschmidt, apparu en Allemagne à la fin de la Seconde Guerre mondiale, en 1944. Le polyèdre dürerien posé sur l'appareil, s'il désigne toujours l'aspiration à la connaissance et les productions du génie, en dénonce aussi les effets. Le rêve s'est retourné, qui exaltait le génie humain. L'ange de la connaissance est un ange de la mort.

Pour autant, le deuil mélancolique est impossible. La mélancolie peut bien prendre la forme d'un tombeau, il s'agit d'un tombeau vide, d'un cénotaphe. Le corps absent des vanités mélancoliques, celui qui est soumis à la putréfaction et à la disparition totale, est précisément celui que désigne l'*acedia* chez Homère : un corps sans sépulture. Que cette réalité soit proprement l'impensable qui se cache derrière le masque de la mélancolie, une mélancolie qui d'ailleurs a fini par absorber l'*acedia*, tel est peut-être le sens dernier de l'iconographie mélancolique : en trouvant dans les pouvoirs de l'imagination leur signe caractéristique, qu'il s'agisse des images débridées de l'*acedia* ou des images endeuillées de la mélancolie, *acedia* et mélancolie définissent l'image comme l'unique échappatoire face à une réalité qui est, et qui reste, impensable.

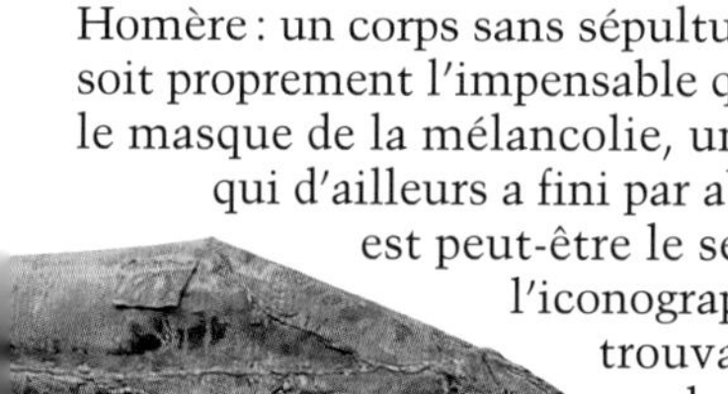

Les avions peuvent bien voler et les usines cracher leurs noires fumées (ci-dessus, l'île Saint-Denis, par Willy Ronis), les avancées technologiques n'ont fait qu'accroître l'angoisse de la disparition : le génie de l'homme, loin de lui permettre d'échapper à la mort, lui apprend au contraire, à l'organiser, à la systématiser, mais aussi, à l'« oublier », à l'effacer, à lui ôter sa brutale réalité. À cet égard, la déréalisation de la mort à laquelle s'applique notre temps peut apparaître comme une ultime production mélancolique.

TÉMOIGNAGES ET DOCUMENTS

La maladie mélancolique

La maladie mélancolique produit des symptômes nombreux et divers qui touchent aussi bien le corps que l'esprit. D'abord perçue comme une humeur circulant dans les artères, puis, après la découverte de la circulation sanguine en 1628, comme une vapeur née de la fermentation des humeurs et se diffusant par les interstices des nerfs, la mélancolie se transforme au cours de la seconde moitié du XVIIIe siècle en maladie nerveuse avant de devenir, avec les débuts de la psychiatrie, la forme la plus grave de la dépression, ou son plus sûr antidote…

Maux physiques

C'est par le fait qu'elle ne coagule pas qu'elle [la bile noire] se distingue du sang noir […]. Mais si [elle] ressemble […] au vinaigre le plus mordant, elle lui est tout à fait opposée par sa substance formée de parties épaisses. C'est pourquoi elle provoque des ulcères en rongeant entièrement les endroits du corps qu'elle touche lorsqu'elle est non mélangée. Le vinaigre, parce qu'il est subtil, sort avec facilité, alors que la densité de la bile noire, en lui procurant un siège stable, est la cause de la corrosion. La bile noire se distingue […] aussi par le fait que ni les mouches ni aucun autre être vivant ne veulent goûter à la bile noire, comme à l'eau de mer saturée. En effet, aucun être vivant ne vit dans cette dernière, ainsi qu'en témoigne la mer appelée morte. […] Lorsqu'une telle affection advient en étant accompagnée de fièvre, le fait que l'humeur mélancolique s'attaque à la peau engendre ce que l'on appelle anthrax. S'il n'y a pas de fièvre, l'humeur affluant, lorsqu'elle est mêlée au sang, engendre l'éléphantiasis et, lorsqu'elle est seule, produit au début une tumeur noire, qui se termine avec le temps en ce que l'on appelle cancer.

Claude Galien (131-201), *De la bile noire*, IIe siècle après J.-C.

Maux psychologiques

On sait que «le malade est affecté d'une tristesse sans raison, qu'il est abattu et en proie aux terreurs, qu'il désire la mort, qu'il est hostile à ceux qui paraissent être le plus ses amis, qu'il soupçonne sans fondement qu'on cherche à le tuer, soit à coup d'épée, soit par le poison. Nous savons d'ailleurs que cette humeur est capable de présenter une infinité d'autres manifestations fantastiques, étranges et variées ; certains malades croient être devenus de la poterie, d'autres du cuir, d'autres un coq et veulent imiter son cri ; de même quelques-uns pensent être des rossignols et pleurent la mort d'Itys ; d'autres sont persuadés qu'ils supportent le ciel comme Atlas ; ils disent qu'ils ont peur qu'il ne tombe et n'écrase non seulement leur corps, mais le monde entier avec eux.»

Alexandre de Tralles (525-605), *Libri duodecim de re medica*

L'imagination corrompue

L'expérience nous fait connaître que si le cerveau est altéré dans sa température, s'il est trop échauffé, comme il arrive aux frénétiques, ou trop refroidi, comme il arrive aux mélancoliques, il corrompt aussitôt l'imagination, trouble le jugement et affaiblit la mémoire. [...] Les mélancoliques ne doivent jamais être seuls, il leur faut laisser toujours une compagnie qui leur soit agréable, il les faut parfois flatter, et leur accorder une partie de ce qu'ils veulent, de peur que cette humeur, qui est de sa nature rebelle et opiniâtre, ne s'effarouche ; parfois, il les faut tancer de leurs folles imaginations, leur reprocher leur couardise et leur en faire honte, les rassurer le plus possible, louer leurs actions ; et s'ils ont fait autrefois quelque chose digne d'éloges, le leur remettre souvent en mémoire, les entretenir de contes plaisants ; on ne doit leur donner aucun sujet de crainte ni leur annoncer de fâcheuses nouvelles. Bref, il faut les divertir le plus qu'on pourra, et chasser de leur entendement toutes les passions de l'âme, surtout la colère, la peur et la tristesse.

André du Laurens (1558-1609), médecin d'Henri IV, *Discours de la vue, des maladies mélancoliques, des catarrhes et de la vieillesse*, Paris 1597

La tyrannie du pouvoir

Air rêveur et taciturne, soupçons ombrageux, recherches de la solitude ; tels sont les traits qui servent à caractériser certains hommes dans la société, et rien n'est plus hideux que cette image, quand on y joint l'idée de l'abus de pouvoir, la perversité des mœurs et un cœur sanguinaire, comme l'ont fait Tibère et Louis XI. Une taciturnité sombre, une gravité dure et repoussante, les âpres inégalités d'un caractère plein d'aigreur et d'emportements, la recherche de la solitude, un regard oblique, le timide embarras d'une âme artificieuse, trahissent dès la jeunesse la disposition mélancolique de Louis XI. Traits frappants de ressemblance entre ce prince et Tibère ; ils ne se distinguent l'un et l'autre dans l'art de la guerre ; que durant l'effervescence de l'âge, et le reste de leur vie se passe en préparatifs imposants, mais sans effets, en délais étudiés, en projets illusoires d'expéditions militaires, en négociations remplies d'astuce et de perfidie. Avant de régner ils s'exilent l'un et l'autre volontairement de la cour, et vont passer plusieurs années dans l'oubli et les langueurs d'une vie privée, l'un dans l'île de Rhodes, l'autre dans une solitude de la Belgique. Quelle dissimulation profonde, que d'indécision, que de réponses équivoques dans la conduite de Tibère à la mort d'Auguste. Louis XI n'a-t-il pas été, durant toute sa vie, le modèle de la politique la plus perfide et la plus raffinée ; en proie à leurs noirs soupçons, à des présages les plus sinistres, à des terreurs sans cesse renaissantes vers le terme de la vie, ils vont cacher leur dégoûtante tyrannie, l'un dans le château de Plessis-les-Tours, l'autre dans l'île de Capres, séjour d'atrocités non moins que d'une débauche impuissante et effrénée. [...] Rien n'est plus inexplicable, et cependant rien n'est mieux constaté que les deux formes opposées que peut prendre la mélancolie. C'est quelquefois une bouffissure d'orgueil, et l'idée chimérique de posséder des richesses immenses ou un pouvoir sans bornes : c'est d'autre fois l'abattement le plus pusillanime, une consternation profonde, ou même le désespoir.

Philippe Pinel (1745-1826), *Traité médico-philosophique sur l'aliénation mentale ou la manie*, 1800

Y a-t-il une affinité entre génie et folie ?

Si l'on a voulu dire par là que ceux qui ont l'imagination très active et désordonnée, qui ont une grande exaltation et une grande mobilité dans les idées, offrent de grandes analogies avec les fous, on a eu raison ; mais si l'on a voulu dire qu'une grande capacité d'intelligence est une prédisposition à la folie, on s'est trompé. [...] La lypémanie est une maladie cérébrale caractérisée par le délire partiel chronique, sans fièvre, entretenue par une passion triste, débilitante ou oppressive. [...] La sensibilité concentrée sur un seul objet, semble avoir abandonné tous les organes ; le corps est impassible à toute impression, tandis que l'esprit ne s'exerce plus que sur un sujet unique qui absorbe toute l'attention et suspend l'exercice de toutes les facultés intellectuelles. L'immobilité du corps, la fixité des traits et de la face, le silence obstiné, trahissent la contention douloureuse de l'intelligence et des affections. Ce n'est plus une douleur qui craint, qui crie, qui pleure, c'est une douleur qui se tait, qui n'a pas de larmes, qui est impassible.

Jean-Étienne-Dominique Esquirol (1772-1840), *Les passions considérées comme causes, symptômes et moyens curatifs de l'aliénation mentale*, Paris, 1805

« Des bienfaits de la dépression »

La décomposition du cadavre est une représentation insupportable qui ouvre la voie à la mélancolie : la croyance animiste qui sépare l'âme et le corps confie à l'âme le pouvoir d'éviter la pensée de semblable décomposition et de conserver ainsi l'apparence de l'être aimé dans ce qui lui survit. C'est cette conservation du mort que le déprimé met en œuvre par sa tentative désespérée d'identification au tombeau. La croyance animiste inhérente au deuil effectue, par contre, la séparation de l'âme et du corps et accorde à l'âme du disparu la force d'animation du vivant. L'animisme du deuil est cette remarquable mise en mouvement de la vie psychique, dont la métaphore sauve contre le risque d'une immobilisation violente par l'état déprimé.

[...] C'est peu de temps après la mort de son père, survenue en octobre 1986, que Freud commence à rechercher et à collectionner des antiquités, principalement sous la forme de petites sculptures issues de civilisations méditerranéennes [...]. Cet intérêt archéologique est bien connu et il se confirmera tout au cours de sa vie. [...] L'archéologie accorde ainsi une sorte d'exemplarité culturelle des productions individuelles [...] recueillies à l'écoute de ses patients. Et une telle exemplarité est celle de la mémoire (modèle de l'hystérie) d'un passé enseveli, mais aussi de la mort dans la fonction subjective pour la vie. Ainsi, la communication (du) psychique acquiert sa pleine subjectivité humaine en trouvant sa plasticité figurale et son écho sémantique dans ses objets exhumés par l'archéologie et savamment étudiés par les historiens. Que la mort du père ait joué un rôle décisif dans cette intériorisation psychique des objets culturels de la mémoire, cela ne fait aucun doute. Et, de même, il est certain que pareille intériorisation de ces objets [...] prend en charge la vie des fantasmes personnels et leur confère une écriture psychique à vocation métapsychologique. Cette hypothèse renforce l'idée que le deuil du père accroît chez Freud l'intensité de la vie psychique et appelle une forme mnésique particulière de conservation. La mort du père ne porte-t-elle pas pour le fils la culpabilité primitive ? Et ne place-t-elle pas le fils dans cette situation d'être désormais exposé à la mort et de devoir alors découvrir sa propre vie psychique au regard de celle-ci ? Dans ces conditions, conserver la vie, ce serait renforcer son intériorité psychique au prix d'une expérience de deuil interminable finissant par se confondre avec le psychique lui-même. Autrement dit, c'est le mort (ici le père) qui instaure la mémoire et protège la vie, pour autant que le vivant lui reconnaisse une sépulture. [...] Dans une étude consacrée au cabinet du docteur Freud, Diana Fuss et Joel Sanders en ont soigneusement exploré la configuration spatiale et son aménagement, afin de «donner un cadre pour notre compréhension de la théorie et de la pratique psychanalytiques». Très explicitement, ils mettent en évidence l'organisation du cabinet en un véritable «tombeau» : «la localisation de la scène analytique» est «à l'intérieur des murs d'une crypte». Se réglant sur la série de photographies du cabinet de Freud prises par Edmund Engelman, ainsi que sur des témoignages produits par ceux qui avaient fréquenté Freud, les auteurs soulignent que la surdétermination des lieux est marquée par la perte, l'absence, la mémoire, le deuil, la mélancolie.

[...] La psychopathologie de l'état déprimé met clairement en évidence cette quête d'une renaissance par la hauteur –présomption de la verticale–, tandis que la conservation de la vie est souterrainement dépendante des morts non reconnu(e)s. Il en résulte une sorte de fuite vers le haut par angoisse terrifiante d'intériorisation des morts. Il conviendrait de distinguer ce qui entraîne chez le déprimé une ascension vertigineuse qui figure, en fait, la verticale suicidaire du destin mélancolique. Et, en ce sens, la notion même de destin paraît donner puissance d'anéantissement à l'espérance de vivant du déprimé dont l'horizontalité « à plat » est la négation d'un sol, au sens où ce sol porte mémoire des morts.

[...] Tout se passerait alors de telle sorte que l'oubli du mort relève de la seule mémoire consciente, qui ne dispose en elle-même d'aucun moyen pour garantir l'intégrité du mort dans la mort. [...] Seul le rêve dispose ainsi de la véritable mémoire des morts. Mais le rêve ne saurait se faire tombeau, à moins de faire courir le risque de l'état déprimé. Cette mémoire du rêve est de nature réminiscente : elle n'est que souvenance. Les morts doivent être faits d'une matérialité d'âme qui est telle que rien ne saurait ainsi les laisser se décomposer. Dans l'Odyssée d'Homère, il est rappelé que rester sans sépulture serait non seulement un outrage à la fidélité, mais un acte privant les vivants du message détenu par le mort à leur intention et pour leur salut. La honte de laisser le corps du mort sans sépulture est à l'origine de cette mélancolie qui ronge l'âme et menace de l'intérieur le vivant dans sa propre vie. La mélancolie – ou maladie mortelle – est le résultat de cette faute d'avoir négligé ses morts et de les avoir privés de la sépulture du rêve.

Pierre Fédida, *Des bienfaits de la dépression. Éloge de la psychothérapie*, Éditions Odile Jacob, Paris, 2001

La mélancolie diabolique

Au Moyen Âge et à la Renaissance, médecins et moines se partagent le traitement de la mélancolie, les premiers s'intéressant à la maladie du corps causée par la bile noire, les seconds à la maladie de l'âme, qu'ils attribuent au diable. La frontière pourtant est loin d'être rigide entre les deux approches et maints médecins assimilent la mélancolie à une possession diabolique tandis que certains moines défendent la non responsabilité du mélancolique, puisqu'il est possédé. Ces débats se cristallisent pendant la chasse aux sorcières. Même lorsque la médecine aura gagné la partie, la mélancolie restera fermement liée au diable.

Les sorcières

Ce sont des femmes le plus souvent vieilles, de nature mélancolique, d'esprit borné ; il n'y a pas de doute que le diable s'insinue plus volontiers en de tels organes, comme étant idoines et commodes pour troubler leurs esprits de diverses apparitions ou tromperies, desquelles étant charmées, ces femmes ont opinion et même confessent avoir fait ce qui était fort éloigné d'elles… c'est pourquoi je n'ose les mettre au nombre des hérétiques. L'erreur de l'esprit ne fait pas l'hérétique, mais bien l'opiniâtreté de la volonté.

Jean Wier (1515-1588), élève d'Agrippa de Nettesheim, *De l'imposture et tromperie des diables : des enchantements et sorcelleries*, Bâle, 1564

Le diable au corps

C'est l'opinion commune de la foule et de certains théologiens que de dire des mélancoliques et des maniaques qu'ils ont le diable dans le corps, ce que souvent les malades croient eux-mêmes et proclament. Ceux qui se fient à ces idées vulgaires ne recherchent pas, pour le soin de leur maladie, l'aide des médecins, mais celle des saints réputés avoir reçu de Dieu le pouvoir de chasser les démons.

Jacques Despars (1380-1458), cité par D. Jacquart, « Le regard d'un médecin sur son temps : Jacques Despars (1380-1458) », in *Bibliothèque de l'École des chartes*, 138, 1980

En cette façon, il [le diable] excite les maladies mélancoliques. Car, du commencement, il émeut la bile noire qui est dans le corps, et en pousse les fumées aux cellules des sens intérieurs. Puis après, il augmente cette humeur par l'accès des choses brûlantes, ou bien la retient et l'empêche de s'évacuer. Il cause l'épilepsie, la paralysie et semblables maladies par l'apport de sucs plus grossiers, touchant quelquefois le ventricule du cerveau, quelquefois les racines des nerfs. Il rend aveugle ou sourd, en amoncelant des excréments nuisibles aux yeux et aux oreilles.

Martin Del Rio (1551-1608), *Disquisitorum Magicarum*, Louvain, 1599

La possession

Les corps que le diable possède intérieurement sont mélancoliques, car cette humeur est le vrai siège auquel le diable se plaît et duquel il fait des effets si étranges.

Jean Taxil (v. 1570- ?), *Traicté de l'Épilepsie,* 1602

Il existe parmi eux certains maniaques ou mélancoliques qui présentent ces symptômes, tantôt plus violents, tantôt plus atténués, et parallèlement les auteurs de paroles et d'actes surnaturels et monstrueux, qui laissent apparaître à l'évidence qu'ils sont possédés par un démon : d'où le nom de possédés et de démoniaques qui leur est donné. Outre toutes sortes de conduites dépravées de l'esprit que l'on a vues, ils restent souvent plongés dans un mutisme interminable, tant il est vrai que le démon s'entend à merveille à se jouer des hommes et à leur jeter des sorts. [...] Ou bien, soutenant des prophéties et des annonciations hermétiques, ils sont devins et prédicateurs, ou s'expriment en des langues qu'ils ne parlaient ni ne comprenaient quand ils étaient sains d'esprit, comme si le démon parlait par leur bouche.

Félix Plater (1587-1641), *Médecine pratique*, 1625

Il est plus raisonnable de penser que ceux qui publient si hardiment les possessions ne savent pas ce que peuvent sur les corps une humeur mélancolique brûlée, ou la malignité d'une semence pourrie et enfermée en sorte qu'elle n'ait point d'issue. Les médecins en ce cas ont de grandes prérogatives par-dessus les Ecclésiastiques, car ils savent que si cette humeur mélancolique croupit dans les hypocondres, il s'en élève des vapeurs et des vents de qualité assez maligne pour produire tous ces effets qui semblent si étranges et si extraordinaires, pour ce que la chaleur qui travaille pour le dompter émeut non seulement les humeurs, et de là fait naître les vapeurs, mais encore mêle les humeurs, les vapeurs et les vents en diverses sortes, et ces mélanges encore produisent des effets tous différents selon la partie qu'ils attaquent.

Pierre Yvelin, médecin de la reine Anne d'Autriche, *Examen de la possession des religieuses de Louviers*, 1643

Se donner au diable

-Messieurs, leur dis-je, autant que j'en puis juger, vous me semblez doués d'un grand cœur et d'un esprit plein de lumières. Mais pardonnez-moi de vous faire une question. D'où vient votre mélancolie ?

-Eh ! monsieur, répondit l'habitant du Sénégal, regardez comme je suis bâti. Mon plumage, il est vrai, est agréable à voir, et je suis revêtu de cette belle couleur verte qu'on voit briller sur les canards ; mais mon bec est trop court et mon pied trop grand ; et voyez de quelle queue je suis affublé ! la longueur de mon corps n'en fait pas les deux tiers. N'y a-t-il pas là de quoi se donner au diable ?

Alfred de Musset (1810-1857), *Histoire d'un merle blanc*, 1842

Mélancolie et solitude

Le mélancolique est un solitaire. Isolé du monde dans lequel il vit, se défiant de ses semblables, il prise les lieux déserts. Il est pourtant loin d'être seul : des chimères, des fantasmes peuplent sa solitude et l'entretiennent dans son isolement en lui faisant préférer les délices de l'imagination aux servitudes du réel. La solitude du mélancolique se présente en définitive comme le tribut payé à l'imagination.

Épris de lieux isolés

Il arrive souvent aux mélancoliques des choses de ce genre : ils sont parfois taciturnes, solitaires, épris de lieux isolés ; ils se détournent des hommes, ils regardent leur semblable comme un étranger ; mais il n'est pas rare non plus, chez ceux qui se consacrent au savoir, que leur disposition à la sagesse les incite à oublier toute autre préoccupation.

Extrait d'un recueil de lettres faussement attribuées à Hippocrate, Ier siècle avant J.-C.

Ils [les mélancoliques] se réservent toujours une place secrète, où les tempêtes de la Fortune ne peuvent atteindre. Là que l'âme se retire, pour se maintenir elle-même dans une sérénité éternelle. Il faut se réserver une arrière-boutique, toute nôtre, toute franche, en laquelle nous établissons notre vraie liberté et principale retraite et solitude.

Michel de Montaigne (1533-1592), *Essais, I. 39*, 1580

Mélancoliser

La solitude volontaire est la compagne habituelle de la mélancolie, elle pousse à la roue, même subrepticement et irrévocablement à ses eaux, telle une sirène, un aiguillon ou un sphinx [...]. Quel plaisir inégalable pour ces personnes que de mélancoliser, de construire des châteaux en Espagne, de se sourire à elles-mêmes, de tenir une diversité infinie de rôles qu'elles croient ou imaginent réels, ou encore de voir ces scènes jouées et représentées ! *Au début, un vrai délice*, dit Lemmens, que de concevoir des objets aussi plaisantes, que de méditer parfois sur *le présent, le passé et l'avenir*, selon l'expression de Rhazès. Ces jeux sont toujours tellement délicieux au commencement que ces personnes se sentent capables de se laisser aller à ces contemplations et à ces méditations sur des fantasmes pendant des jours et des nuits sans dormir, des années même, comme dans un rêve dont il est presque impossible de les faire sortir ; [...] elles sont presque incapables d'étudier ou de travailler, et ces pensées fantaisistes et ensorceleuses ne cessent de les envahir en secret, de façon si pressante, avec tant d'urgence, elles s'insinuent subrepticement, viennent les posséder, les submergent, les distraient et les accaparent, à tel point que ces personnes, comme je l'ai dit, ne peuvent plus s'occuper des affaires les plus urgentes, ne peuvent plus éloigner ces pensées ou s'en extraire et passent leur temps à rêvasser, à mélancoliser, à se laisser entraîner, comme (dit-on) ces gens qu'un Puck entraîne sur les landes la nuit, elles se précipitent avec sérieux dans ce labyrinthe de méditations mélancoliques pleines d'anxiété et de commisération qu'elles ne peuvent ni ne veulent laisser de côté ou abandonner; elles se tendent et se détendent comme autant de ressorts d'horloge, suivent toujours leurs humeurs jusqu'à ce que, pour finir, la scène se transforme d'un seul coup, du fait de l'apparition d'un objet désagréable; ces personnes, étant habituées à ces vaines médiations et à ces lieux isolés, ne peuvent plus supporter la compagnie des autres et finissent par ne ruminer que des pensées douloureuses et laides. La peur, la tristesse, les soupçons, la mauvaise honte (Cicéron), le mécontentement, les soucis et la lassitude de la vie s'abattent brutalement sur elles et elles ne peuvent plus penser à autre chose, ne cessent de soupçonner, dès que leurs yeux s'ouvrent le matin, voilà que ce fléau infernal de la mélancolie s'empare d'elles et terrifie leur âme, force quelque atroce image dans leur esprit qu'elles n'ont plus aucun moyen d'éviter, quelles que soient leur obstination et leur force de persuasion, *le mortel roseau reste attaché à leur flanc* (Virgile), jamais elles ne pourront l'arracher, il leur est impossible de résister.

Robert Burton (1577-1640),
Anatomie de la mélancolie, 1521

Premièrement, pour parler de mon humeur, je suis mélancolique, et je le suis à un point que depuis trois ou quatre ans à peine m'a-t-on vu rire trois ou quatre fois. J'aurais pourtant, ce me semble, une mélancolie assez supportable et assez douce, si je n'en avais point d'autre que celle qui me vient de mon tempérament; mais il m'en vient tant d'ailleurs, et ce qui m'en vient me remplit de telle sorte l'imagination, et m'occupe si fort l'esprit, que la plupart du temps ou je rêve sans dire mot ou je n'ai presque point d'attache à ce que je dis. [...] J'ai de l'esprit, encore une fois, mais un esprit que la mélancolie gâte; car, encore que je possède assez bien ma langue, que j'aie la mémoire heureuse, et que je ne pense pas les choses fort confusément, j'ai pourtant une si forte application à mon chagrin que souvent j'exprime assez mal ce que je veux dire.

François de La Rochefoucauld
(1613-1680), *Réflexions ou sentences et maximes morales*, 1664

Toujours seul au milieu des hommes, je rentre pour rêver avec moi-même, et me livrer à toute la vivacité de ma mélancolie. De quel côté est-elle tournée aujourd'hui? Du côté de la mort.

Napoléon Bonaparte (1769-1821),
Mémoires, 1786

El Desdichado

Je suis le ténébreux, - le veuf, - l'inconsolé,
Le prince d'Aquitaine à la Tour abolie:
Ma seule étoile est morte, - et mon luth constellé / Porte le Soleil noir de la Mélancolie.
Dans la nuit du tombeau, toi qui m'as consolé, / Rends-moi le Pausilippe et la mer d'Italie, / La *fleur* qui plaisait tant à mon cœur désolé, / Et la treille où le Pampre à la rose s'allie.
Suis-je Amour ou Phébus ?... Lusignan ou Biron ? / Mon front est rouge encor du baiser de la reine ; / J'ai rêvé dans la grotte où nage la syrène...
Et j'ai deux fois vainqueur traversé l'Achéron :
Modulant tour à tour sur la lyre d'Orphée / Les soupirs de la sainte et les cris de la fée.

Gérard de Nerval (1808-1855),
Les Chimères, 1854

Musique et mélancolie

Dans l'Antiquité, le lien entre musique et mélancolie est double : la musique peut apaiser la tristesse mélancolique mais elle peut aussi provoquer la folie. La tradition chrétienne, à travers l'exemple du roi Saül, range finalement la musique parmi les remèdes à la mélancolie et ce lien restera efficace jusqu'au XVIIe siècle. Le XVIIIe siècle, en faisant de la sensibilité une vertu, redécouvre le pouvoir mélancolique de la musique. Que la musique puisse ainsi susciter la mélancolie ou au contraire la soigner tient sans doute au fait qu'elle investit l'esprit tout entier.

La folie...

En réalité, la musique congestionne la tête [...] dans certains cas, il est attesté qu'elle provoque la folie : quand les inspirés chantent leurs prophéties, ils paraissent comme possédés par le dieu.

Soranus d'Ephèse (98-138), *De morbis acutis et chronicis*

... et le soulagement

Lorsque l'esprit de Dieu était sur Saül, David prenait la harpe et jouait de sa main ; Saül respirait alors plus à l'aise et se trouvait soulagé, et le mauvais esprit se retirait de lui.

Samuel, 16, 23

Le peintre Hugo van der Goes

Il se disait damné et voué à la damnation éternelle, et il voulait se donner volontairement la mort [...] ; le Père supérieur Thomas fut appelé ; après enquête et examen, il estima que le patient était agité du même mal que Saül. Et se rappelant comment Saül était soulagé quand David sonnait de la cithare, il ordonna sur le champ de nouer devant le frère Hugo de la musique en abondance, et de lui présenter d'autres spectacles récréatifs, par lesquels il espérait chasser les fantaisies mentales.

cité par Panofsky et Saxl, in *Dürers Melencolia I*, Leipzig, 1923

Remède à la mélancolie ?

Le son musical, par le mouvement de l'air, meut le corps : par l'air purifié, il excite l'esprit aérien qui est le lien entre le corps et l'âme : par l'émotion, il affecte les sens, et en même temps l'âme ; par la signification, il touche l'intellect : finalement, par le mouvement même de l'air subtil, il pénètre profondément et avec véhémence ; [...] par sa nature tant spirituelle que matérielle, il saisit d'un seul coup l'homme tout entier, et il le possède complètement.

Marsile Ficin (1433-1499), *Œuvres complètes*, chapitre 28

La musique qu'on doit employer pour la guérison des tempéraments mélancoliques secs, se doit commencer par les tons les plus bas, et s'élever ensuite insensiblement aux plus hauts ; c'est par cette gradation harmonique que les fibres roides habituées aux différents degrés de vibration se laissent insensiblement fléchir. Ceux au contraire qui ont un tempérament mélancolique et humide, demandent pour leur guérison une musique gaie, forte, vive, variée, parce qu'elle est plus propre à remuer les fibres et à les roidir.

Pierre-Joseph Buchoz (1731-1807),
Mémoire sur la manière de guérir la mélancolie par la musique,
Amsterdam, 1769

J'ai dû essayer de la musique comme moyen de guérir les aliénés [...]. Quelquefois elle a irrité jusqu'à provoquer la fureur, souvent elle a paru distraire, mais je ne peux dire qu'elle ait contribué à guérir : elle a été avantageuse aux convalescents. Un lypémaniaque pour lequel son frère faisait de la musique avec les meilleurs maîtres de Paris devenait furieux [...] ; il répétait aux personnes qui étaient auprès de lui : « C'est exécrable de chercher à se réjouir lorsque je suis dans un état aussi affreux. »

Jean-Étienne Esquirol (1772-1840),
Des maladies mentales,
Paris, 1838

Ou incitation à la mélancolie ?

Certaines parties pour violoncelle de Schumann l'avaient positivement laissé haletant et étranglé par l'étouffante boule de l'hystérie ; mais c'étaient surtout des lieders de Schubert qui l'avaient soulevé, jeté hors de lui, puis prostré de même qu'après une déperdition de fluide nerveux, après une ribote mystique d'âme. Cette musique lui entrait, en frissonnant, jusqu'aux os et refoulait un infini de souffrances oubliées, de vieux spleen, dans le cœur étonné de contenir tant de misères confuses et de douleurs vagues. [...] Et toujours lorsqu'elles lui revenaient aux lèvres, ces exquises et funèbres plaintes évoquaient pour lui un site de banlieue, un site avare, muet, où, sans bruit, au loin, des files de gens, harassés par la vie, se perdaient, courbés en deux, dans le crépuscule, alors qu'abreuvé d'amertumes, gorgé de dégoût, il se sentait, dans la nature éplorée, seul, tout seul, terrassé par une indicible mélancolie, par une opiniâtre détresse, dont la mystérieuse intensité excluait toute consolation, toute pitié, tout repos.

Joris-Karl Huysmans (1848-1907),
À rebours, 1884

Je vous connais, ô hommes supérieurs, je le connais, – je le connais aussi, ce lutin que j'aime malgré moi, ce Zarathoustra : il me semble le plus souvent semblable à une belle larve de saint, - semblable à un nouveau déguisement singulier, où se plaît mon esprit mauvais, le démon de mélancolie : souvent il me semble que j'aime Zarathoustra à cause de mon mauvais esprit. Mais déjà il s'empare de moi et il me terrasse, ce mauvais esprit, cet esprit de mélancolie, ce démon du crépuscule : et en vérité, ô hommes supérieurs, [...] il est pris d'une envie de venir [...] il vient, il me terrasse, malheur à moi ! ouvrez vos sens ! Le jour baisse, pour toutes choses le soir vient maintenant, même pour les meilleures choses ; écoutez donc et voyez, ô hommes supérieurs, quel démon, homme ou femme, est cet esprit de la mélancolie du soir ! Ainsi parlait le vieil enchanteur, puis il regarda malicieusement autour de lui et saisit sa harpe.

Nietzsche (1844-1900), *Ainsi parlait Zarathoustra*, 1883-1885

La mélancolie érotique

Éros et mélancolie sont étroitement liés. Comme la mélancolie, l'amour se tient entre la mémoire et l'imagination, entre la contemplation de l'image de l'être aimé et l'élan hors de soi que provoque le sentiment ; et comme la mélancolie, l'amour aspire à un au-delà qu'il redoute autant qu'il l'espère.

Le sexe...

Il se trouve que l'humeur de la vigne et le mélange de la bile noire contiennent du vent. C'est pourquoi les maladies venteuses et les maladies hypocondriaques, les médecins les attribuent à la bile noire. Et le vin est venteux par son action. C'est bien pour cela que le vin et le mélange de bile noire sont de nature semblable. Ce qui rend évidente la nature venteuse du vin, c'est l'écume. Car l'huile, quand elle est chaude, ne produit pas d'écume ; tandis que le vin en produit beaucoup, et le vin noir plus encore que le vin blanc, parce qu'il contient plus de chaleur et plus de corps. C'est pour cela que le vin incite les gens à l'amour, et c'est à juste titre qu'on dit que Dionysos et Aphrodite sont liés l'un à l'autre ; et les mélancoliques, pour la plupart, sont obsédés par le sexe. Car l'acte sexuel met le vent en cause. La preuve en est le pénis, la façon dont il connaît, de petit qu'il est, une extension rapide, parce qu'il gonfle sous l'effet du vent.

Aristote (v. 384-v. 347), attribué à,
Problème XXX, 1

... et le sentiment

Je suis nommé Souvenir, et avec Pensée, nous forgeons sans cesse, comme vous le voyez ici, de petites fleurs d'ancolie et de souci, sur l'enclume de peine, avec des marteaux de labeur, pour faire aux pauvres amants qui ont des dames sans merci, des couronnes de fleurs de regrets.

René d'Anjou (1409-1480),
Le Livre du Cuer d'Amours espris

Amour et imagination

Il est de la nature des amants de se complaire à des pensées tristes et à la mélancolie qui, au milieu des soupirs et des pleurs, alimentent leur faim amoureuse, et ceci tandis qu'ils éprouvent aussi la plus grande joie et un sentiment de douceur. Je crois que la raison en est que l'amour, simple et constant, procède d'une imagination forte et ce mouvement peut difficilement se produire sans la prédominance de l'humeur mélancolique chez l'amant. Car la nature de celui-ci est d'être toujours inquiet et prêt à tourner tout événement, favorable ou adverse, en chagrin et passion.

Laurent de Médicis (1449-1492),
cité par Jean Delumeau,
Le péché et la peur, Fayard, 1983

L'âme de l'amant est entraînée vers l'image de l'objet aimé, inscrite dans son imagination, et vers l'objet aimé lui-même. Les esprits sont attirés vers ce même but, mais leur vol obsédant les épuise. [...] Alors le corps se dessèche et dépérit, et les amants deviennent mélancoliques. […] C'est pour avoir observé ce phénomène que les médecins de l'antiquité ont affirmé que l'amour est une passion mélancolique.

Marsile Ficin (1433-1499),
De amore, 1456

Dans l'état amoureux, les vapeurs montent au cerveau et vont frapper les traces où sont attachées les images des objets ordinaires de l'amour et de la tendresse. […] Il se fait dans tous les nerfs une espèce d'effervescence douce qui chatouille agréablement les membranes nerveuses et qui fait ce plaisir charmant et inexplicable que sentent les personnes qui aiment.

Lange, médecin de la société royale à Lisieux, *Traité des vapeurs*, Paris, 1689

Maniaques d'amour

Plusieurs traitaient les mélancoliques et maniaques d'amour indifféremment comme les autres mélancoliques et insensés, sans prendre aucune indication de la cause de leur mal et du siège. […] Ceux qui sont engendrés de personnes qui ont tellement affolé d'amour qu'ils en sont devenus mélancoliques en habitude, courent hasard d'être héritiers de pareille maladie, si la semence de l'autre géniteur ne corrige ce vice, ou bien n'y remédie par bonne discipline, éducation et régime de vivre. […] [Il y a plus de femmes que d'hommes] maniaques ou folles d'amour. […] En quoi leur mine est semblable à des alambics gentiment assis sur des tourrettes sans qu'on voie le feu dehors ; mais si vous regardez au-dessous de l'alambic et mettez la main sur le cœur des dames, vous trouverez en tous les deux lieux un grand brasier.

Jacques Ferrand, *Traicté de l'essence et guérison d'amour ou De la Mélancolie érotique*, Toulouse, 1610

« Charmante mélancolie »

On peut garder la continence tout de même, on fait un serment et l'on est lié ; mais au moins tu aurais une compagne qui, mieux que l'ami et plus doucement que le livre, apaiserait ton chagrin. Adam, le jour qui commença son exil, s'en consola presque, le soir, en sentant sur son front la bouche d'Ève qui s'y collait ; elle lui passait la main sur le visage, et ils trouvaient dans leurs regards des profondeurs aussi douces que dans l'horizon céleste qu'ils avaient perdu. Si tu savais comme elles s'entendent à panser les plaies et comme les amertumes les plus froides se fondent sous leur sourire ! C'est à cause d'elles que naissent les mélancolies de la vie, soit qu'elles les provoquent ou les éloignent, – et de sa pente native toujours le cœur de l'homme, comme les fleuves à l'océan, ira se déversant dans leur tendresse.

Gustave Flaubert (1821-1880),
La Tentation de saint Antoine, 1874

L'absolu

Mais ceci nous permet de nous approcher de la valeur centrale de la mélancolie : dans sa substance la plus intime, elle est nostalgie de l'amour. De l'amour sous toutes ses formes et à tous ses degrés, de la sensualité la plus élémentaire jusqu'à l'amour suprême de l'esprit. L'impulsion de la mélancolie est l'Eros, l'exigence d'amour et de beauté. […] C'est l'aspiration à l'absolu, mais à un absolu qui soit aussi le bien, le noble, c'est-à-dire ce qui, par nature, est l'objet propre et particulier de l'amour.

Romano Guardini (1886-1968),
De la mélancolie, 1953

Le temps mélancolique

Il y a deux perceptions du temps mélancolique. L'une, tournée vers le passé, a trait à un temps révolu, celui des mythes et de l'enfance, qui chaque jour s'éloigne davantage. L'autre, en intériorisant le temps à l'œuvre, le temps qui détruit, voit en tout être et toute chose la fin déjà proche. C'est ainsi toujours la mort que désigne le temps mélancolique.

Les affres de la civilisation

Plus les peuples avancent en civilisation, plus cet état du vague des passions [cause de la mélancolie] augmente ; car [...] le plus grand nombre d'exemples qu'on a sous les yeux, la multitude des livres qui traitent de l'homme et de ses sentiments rendent habile sans expérience. On est détrompé sans avoir joui ; [...] On habite avec un cœur plein un monde vide et sans avoir usé de rien on est désabusé de tout.

François René, vicomte de Chateaubriand (1768-1848), *Génie du christianisme*, 1802

La seule poésie qui convienne à notre époque est la poésie mélancolique ; quel que soit le sujet, c'est là le ton approprié. S'il existe aujourd'hui un véritable poète réellement inspiré par la poésie, et s'il se met à écrire sur lui-même ou sur quelque autre sujet, son inspiration, quelle qu'en soit la source, sera mélancolique et le ton qu'il prendra naturellement avec lui-même ou avec les autres pour suivre son inspiration – car sans inspiration il n'est pas de poésie digne de ce nom – sera un ton mélancolique. Quels que soient le tempérament, la nature, la condition, etc., du poète, sitôt qu'il appartient à une nation civilisée, il en sera ainsi ; de même que pour tout autre poète qui n'aurait en commun avec lui que cette appartenance. Chez les anciens il en allait tout autrement. Le ton naturel que rendait leur lyre était celui de la joie, de la puissance, de la solennité, etc. Leur poésie était parée d'habits de fête, même quand le sujet l'obligeait à être triste.

Giacomo Leopardi (1798-1837), *Zibaldone*, 12 décembre 1823

L'immobile mélancolie

Paris change, mais rien dans ma mélancolie / N'a bougé ! palais neufs, échafaudages, blocs, / Vieux faubourgs, tout pour moi devient allégorie,
Et mes chers souvenirs sont plus lourds que des rocs.

Aussi devant ce Louvre une image m'opprime :
Je pense à mon grand cygne, avec ses gestes fous,
Comme les exilés, ridicule et sublime,
Et rongé d'un désir sans trêve ! et puis à vous,

Andromaque, des bras d'un grand époux tombée,
Vil bétail, sous la main du superbe Pyrrhus,
Auprès d'un tombeau vide en extase courbée ;
Veuve d'Hector, hélas ! et femme d'Hélénus !

Charles Baudelaire (1821-1867), « Le Cygne » (à Victor Hugo), in *Les Fleurs du mal*, 1857

La mort et la vie

Mélancolie délicieuse de ces palais déshonorés par des fenêtres closes de planches, pillés par tous les marchands et plus dignes d'amour dans cette détresse que leurs frères du Grand Canal, réparés, irréparables où je crois voir à la loggia le visage de Jézabel. Le centre secret des plaisirs, tous mêlés de romanesque, que nous trouvons sur les lagunes, c'est que tant de beautés qui s'en vont à la mort nous excitent à jouir de la vie.

Maurice Barrès (1862-1923), *Quelques cadences*, 1904

Le temps qui passe

Dans un vieil album
Tu reviens toujours, mélancolie,
O douceur à l'âme solitaire
Pour sa fin s'embrase un jour doré.

Humblement devant la douleur
S'incline celui qui s'est fait patience.
Résonnant d'harmonie et de tendre folie.
Vois ! Il va faire noir déjà.

La nuit revient, quelque chose de mortel se plaint
Et quelque autre souffre avec elle.

Tremblant sous les étoiles d'automne
Chaque année la tête penche davantage.

Georg Trakl (1887-1914), *Poèmes*, traduction Guillevic

De là, la mélancolie qui s'attache à la connaissance de tels ouvrages, comme de tout ce qui se réalise dans le temps. Quand ce qui est le plus caché dans la Sonate de Vinteuil se découvrit à moi, déjà, entraîné par l'habitude hors des prises de ma sensibilité, ce que j'avais distingué, préféré tout d'abord, commençait à m'échapper, à me fuir. Pour n'avoir pu aimer qu'en des temps successifs tout ce que m'apportait cette sonate, je ne la possédai jamais tout entière : elle ressemblait à la vie. Mais, moins décevants que la vie, ces grands chefs-d'œuvre ne commencent pas par nous donner ce qu'ils ont de meilleur.

Marcel Proust (1871-1922), *À l'ombre des jeunes filles en fleur*, 1918

La mélancolie éprouve ensemble l'attrait presque invincible de l'être et l'amertume du néant. […] Du néant, c'est-à-dire de la ruine absolue de l'être, dans la perte absolue de l'étant : du non-étant –né-ant. Tout ce qui est, constate-t-elle, va au néant. Tout ce qui est bon s'y abîme. La jouissance n'est pas durable. Elle ne goûte qu'à un moment de grâce du processus – et la rose un jour périra…

Roger Munier, *Mélancolie*, Éditions Le Nyctalope, Amiens, 1987

Le plaisir mélancolique

Le plaisir mélancolique prend son essor au XVIIIe siècle. Il fait découvrir à celui qui l'éprouve la jouissance de la rêverie et d'une forme de tristesse délicieuse. Le XIXe siècle, en exaltant les vertus de la sensibilité qu'il a héritées de la fin de l'Ancien Régime, élève à un degré de raffinement extrême le plaisir mélancolique : s'il est encore une tristesse, il désigne aussi un savoir plus profond, une pénétration plus grande des beautés du monde et, en définitive, une puissance. Dans cette tension, il retrouve la figure de Faust, celui-là même qui, « prenant les ailes de l'aigle, [...] voulut sonder les fondements derniers dans le ciel et sur la terre ».

La douce mélancolie

Il y a une mélancolie douce, qui n'est autre chose qu'une rêverie agréable, une délicieuse tristesse, s'il est permis de parler ainsi. C'est la situation d'une âme qui, en se refusant aux tentations vives qui la fatigueraient, sait se prêter aux illusions des sens, et trouver du plaisir dans la méditation même de ce qui cause ses peines. [...]

Dictionnaire universel français et latin, Paris, 1771

Une aube affaiblie
Verse par les champs
La mélancolie
Des soleils couchants.
La mélancolie
Berce de doux chants
Mon cœur qui s'oublie
Aux soleils couchants.
Et d'étranges rêves,
Comme des soleils
Couchants sur les grèves,
Fantômes vermeils,
Défilent sans trêves,
Défilent, pareils
À des grands soleils
Couchants sur les grèves.

Paul Verlaine (1844-1896), « Paysages tristes, Soleils couchants, » in *Poèmes saturniens*, 1866

D'où vient à l'homme la plus durable des jouissances de son cœur, cette volupté de la mélancolie, ce charme plein de secrets, qui le fait vivre de ses douleurs et s'aimer encore dans le sentiment de sa ruine ?

Étienne Pivert de Senancour (1770-1846), *Oberman*, 1804

[...] Oui, dans le temple même de la jouissance, / La mélancolie a son autel souverain / Que seul peut voir celui dont la langue énergique / Peut écraser le raisin de la Joie contre son palais délicat ; Son âme goûtera la tristesse de sa puissance / Et sera suspendue parmi les trophées des nuages.

John Keats (1795-1821), *Ode sur la mélancolie*, 1819

Mélancolie et amertume

Je travaillais en hâte, me doutant bien que cette volonté n'était pas fixe, en hâte et passionnément. Je frémissais de lire dans ces grands yeux tant de choses : la peur et le désir de l'inconnu ; la mélancolie de l'amertume, expérimentée, qui est au fond du plaisir ; et le sentiment d'une maîtrise de soi, involontaire et souveraine. […] De tels êtres, s'ils se donnent, semblent nous céder : C'est à eux-mêmes qu'ils cèdent. En eux réside une force contenue de surhumaine, ou peut-être de divinement animale essence.

Paul Gauguin (1848-1903), *Noa Noa*, 1901

La beauté mélancolique

J'ai trouvé la définition du Beau, de mon Beau. C'est quelque chose d'ardent et de triste, quelque chose d'un peu vague, laissant carrière à la conjecture. Je vais, si l'on veut, appliquer mes idées à un objet sensible, à l'objet, par exemple, le plus intéressant dans la société, à un visage de femme. Une tête séduisante et belle, une tête de femme, veux-je dire, c'est une tête qui fait rêver à la fois, mais mais d'une manière confuse, de volupté et de tristesse ; qui comporte une idée de mélancolie, de lassitude, même de satiété, soit une idée contraire, c'est-à-dire une ardeur, un désir de vivre, associé avec une amertume refluante, comme venant de privation ou de désespérance. Le mystère, le regret, sont aussi des caractères du Beau. Une belle tête d'homme n'a pas besoin de comporter, excepté peut-être aux yeux d'une femme, cette idée de volupté, qui dans un visage de femme est une provocation d'autant plus attirante que le visage est généralement plus mélancolique. Mais cette tête contiendra aussi quelque chose d'ardent et de triste, des besoins spirituels, des ambitions ténébreusement refoulées, l'idée d'une puissance grondante, et sans emploi, quelquefois l'idée d'une insensibilité vengeresse, […] quelquefois aussi, et c'est l'un des caractères de beauté les plus intéressants, le mystère, et enfin […], le Malheur. Je ne prétends pas que la Joie ne puisse pas s'associer avec la Beauté, mais je dis que la Joie en est un des ornements les plus vulgaires ; tandis que la Mélancolie en est pour ainsi dire l'illustre compagne, à ce point que je ne conçois guère […] un type de Beauté où il n'y ait pas du Malheur. Appuyé sur – d'autres diraient : obsédé par – ces idées, on conçoit qu'il me serait difficile de ne pas conclure que le plus parfait type de Beauté virile est Satan, à la manière de Milton.

Charles Baudelaire (1821-1867), *Fusées*, 1851

Noblesse de la mélancolie

[…] noble hautaine mélancolie, hauteur sourire et liberté
Vous ai-je enfin trouvés sur le rivage de mon cœur
Un soir où la mer pénètre
Dans les pays de montagne
Un soir où l'on est plus jeune que sa jeunesse,
Un soir où l'on a beaucoup souffert mais où plus rien
Plus rien n'est vain, plus rien n'est pour la cendre. […]

Pierre Jean Jouve (1887-1976), « Magie », in *Noces*, 1931

Un musée de la mélancolie

La mélancolie est double. Affection de l'esprit, c'est une humeur du corps. Son nom évoque un vague à l'âme, une fumée qui assombrit la pensée et le visage, un voile jeté sur le monde, une tristesse sans cause. Mais il désigne aussi une entité physique, une matière visible, un corps sensible, un liquide doté de propriétés spécifiques, de couleur noire, de composition diverse et d'effet nocif quand elle est « aduste », c'est-à-dire brûlée : c'est la bile noire, que secrète la rate. […] Est-ce parce qu'elle est fuyante par sa double nature, organique et spirituelle, qu'on a multiplié à son propos les objets et les représentations qui prétendent en fixer les traits ? Si difficile à appréhender, elle convoque autour de son nom des choses matérielles qui sont, elles, fort préhensibles, et qu'on peut donc réunir, collationner, disposer, exposer. Elles sont là comme autant d'instruments, d'outils ou de machines qui provoquent, qui alimentent ou bien qui, au contraire, apaisent son tourment. Réelles, visibles, ce sont en même temps des objets symboliques, des emblèmes, des métaphores, tout comme la mélancolie n'est elle-même que la métaphore d'un désordre organique.

Il y a ainsi un musée idéal de la mélancolie, une pinacothèque qui rassemble les innombrables œuvres, peintes, gravées, dessinées qui, de Dürer à Edvard Munch, de Domenico Fetti à De Chirico, ont figuré la mélancolie, ses traits et ses poses. Il y a aussi une glyptothèque imaginaire de la mélancolie, des stèles antiques avec leurs pleurants affligés, la main à la maisselle, jusqu'au Penseur de Rodin, abîmé dans des idées plus ou moins sombres. Mais, plus communs, domestiques ou utilitaires que les tableaux ou les sculptures, il y a, matériels, les instruments de la mélancolie et les remèdes de la mélancolie. Ils se disposent autour d'elle comme des bornes, des limites, des pointillés destinés à cerner son apparence fantomatique. Tout un chantier avec son industrie d'un côté, toute une pharmacie, avec ses thérapies de l'autre. Toute une fabrique avec ses images et ses outils. Tout un hôpital avec ses flacons et ses potions. Il y a aussi une palette de la mélancolie.

Bestiaires, herbiers et lapidaires

Mais il y autre chose qu'une fabrique de la mélancolie avec ses outils et ses instruments. Il y a aussi un bestiaire, un herbier, un lapidaire de la mélancolie. Il y a une pharmacie de la mélancolie, dont les remèdes sont précisément répertoriés dans les *Taccuini sanitatis*. La mélancolie convoque ainsi une collection particulière de Naturalia comme elle convoque un ensemble précis de *Mirabilia*.

Les animaux emblématiques de la mélancolie ne suffisent pas, pourtant, à faire un zoo. Il y a le chien, un lévrier le plus souvent, couché en rond au pied de son maître. Il y a la chauve-souris, qui s'envole au crépuscule du soir, heure de la mélancolie. Il y a la chouette, animal nocturne de la sagesse – ou de la démonie – familier des *studiosi*, dans la nuit de leur laboratoire, comme chez Faust. Ce sont les plus connus. Mais animaux saturniens encore, voués à la solitude, à la nuit, à la terre, sont la taupe, le hibou, le basilic…

[…] Depuis toujours les pierres précieuses sont supposées guérir les maladies de l'âme. […]. Certaines sont pourtant plus efficaces que d'autres et sont spécifiques à telle maladie. Compilant interminablement les auteurs anciens, Burton cite ainsi le *De re metallica* de Christopher Enkel : « les perles et les pierres précieuses réconfortent le cœur et l'esprit et font fuir la mélancolie ». D'autres auteurs, comme Cardan, recommandent le grenat, la topaze, « qui calment la colère, le chagrin, abattent la folie ». D'autres en disent autant du béryl, de la chrysolithe, de la calcédoine, variété de l'onyx, « fort utile, selon Dondi, contre les illusions et les fantasmes dus à la mélancolie ».

Mais les deux minéraux les plus fréquemment cités sont d'origine animale : les *Commentaires* de Mattioli affirment ainsi que « les perles et le corail sont particulièrement efficaces contre la mélancolie ». […] Si ces pierres au symbolisme chargé – le corail comme issu du sang de la tête coupée de Méduse, ou comme sang du Sauveur ramifié selon le dessin des vaisseaux et la perle comme pierre vivante qui se nourrit de l'épiderme de celui qui la porte – ont de ces pouvoirs, on comprend que les intérieurs de la Renaissance où se dresse le beau corps nu de Diane de Poitiers soient si lourdement chargés de ces bijoux qui chassent la mélancolie, comme aujourd'hui un parfum désinfectant chasse les miasmes de nos appartements. Certaines des horloges les plus précieuses de ces cabinets s'ornent de pierres comme la topaze, le rubis ou le grenat, comme si l'instrument qui alimente la mélancolie du Temps portait sur lui-même son propre remède.

[…] L'herbier est le plus fourni, dans lequel on puise la matière des tisanes, des potions, des onguents, des pommades, des clystères. À défaut de toujours guérir la mélancolie, les simples en atténuent les effets compliqués. Ce sont les jardins botaniques, comme celui de Padoue, qui offrent la plus grande variété de ces remèdes végétaux. Ainsi des flatulences qui accompagnent la mélancolie, Burton aligne à plaisir les plantes qui les combattent : « la galanga, la gentiane, l'angélique, l'aunée, le schénanthe, la valériane, la zédoaire, l'iris, le gingembre confit, l'aristoloche, le cyclamen, l'eschine, le dictame, la menthe Pouliot, la rue, le calament, la baie et la feuille du laurier, la bétoine, le romarin, l'hysope, le pin sabine, la centaurée, la menthe, la camomille, la lavande, l'agnus-castus, la fleur de genêt, l'origan, les pilules d'orange, & c. ; des épices telles que le safran, la cannelle, la pierre de bézoard, la myrrhe, le macis, la noix de muscade, le poivre, les clous de girofle, le gingembre, les graines d'anis, le fenouil, l'ammi, le carvi, l'ortie, la rue & c.; les baies de genévrier, la cardamome… » Sous la récitation des noms, un herboriste saura vite reconnaître dans cette multiplication des espèces, quelques variétés simples de laxatifs et de purgatifs, d'émétiques et de sternutatoires (le poivre, par exemple). Certaines sont encore usées de nos jours en tisanes médicinales, et elles ont toutes le même propos : chasser l'humeur par tous les orifices possibles du corps, purger, désencombrer ou, comme on disait au XVIIe siècle, « désopiler la rate », organe supposé de la production de l'atrabile…

L'ancolie est par ailleurs considérée comme la fleur de la mélancolie. À l'origine pourtant, elle avait partie liée avec l'élément liquide et s'appelait *aquilea* en raison des petites cavités qui recueillent l'eau. Mais, outre la suggestion des pleurs, la forme penchée des fleurs en a fait le symbole de la tristesse, en rapprochant son nom de celui de l'humeur noire.

En fait, les deux plantes le plus communément utilisées, et qui figurent en bonne place sur la couverture de l'*Anatomie de la mélancolie*, au pied même de la planche, encadrant son auteur, sont la bourrache et l'ellébore. La première est faiblement diurétique et dépurative, la seconde est un purgatif violent, et toutes deux sont connues depuis l'Antiquité. Le millepertuis est aussi fréquemment cité […].

Si l'on veut éviter des effets trop vifs, en particulier au moment si critique pour un mélancolique de l'endormissement, on peut se contenter de remèdes externes. Par exemple, dit Robert Burton, on peut user de « sachets d'absinthe, de mandragore, de jusquiame et de rose, sous la forme d'un oreiller que l'on pose sous la tête ». […].

Paradis artificiels

Plus aimables encore sont les cordiaux et les altératifs, soit les décoctions, liqueurs et boissons diverses qui altèrent l'humeur – dans le sens, bien sûr de la sérénité, sinon de la joie. On sera heureux d'y retrouver cité, en premier lieu, le vin, ce véritable népenthès dont parlait Homère. Bacchus est ainsi « le Père Liber parce qu'il libère ». C'est le dieu préféré des hypocondriaques. « Il n'existe pas de meilleur traitement, dit Rhazès, cité par Burton, pour une personne mélancolique, et celui qui peut trouver de la compagnie pour trinquer n'a nul besoin d'autres médicaments ». Son compatriote Avicenne, dans son *Canon de la médecine*, recommande à celui qui a l'esprit troublé ou mélancolique non seulement de boire mais de se saouler de temps en temps. C'est là, convenons-en, un aspect de la médecine islamique qui semble entretemps avoir disparu. Pour ceux de leur confession qui ne boivent pas de vin, comme les Turcs, la Providence est intervenue qui leur a offert une boisson qu'ils appellent coffa, « du nom d'une baie noire comme la suie et tout aussi amère ».

Le risque cependant que court le mélancolique à user de ces boissons qui seraient aujourd'hui qualifiées d'«excitants», c'est l'insomnie. « L'insomnie, conséquence de soucis incessants, de craintes, de chagrin, de sécheresse du cerveau, est un symptôme qui crucifie beaucoup les personnes mélancoliques ». Il faut donc, à l'inverse, leur conseiller l'usage des sédatifs, des hypnotiques, des soporifiques. De nos jours encore, les déprimés sont, comme on sait, de grands insomniaques qui n'ont de cesse d'obtenir de leur médecin les pilules qui les feront plonger dans la nuit.

Burton quant à lui se cantonne dans une pharmacopée éprouvée, plus simple mais tout aussi efficace : le pavot, que l'on peut absorber sous diverses formes de préparation, en électuaires comme la thériaque, et le chanvre, que l'on peut fumer. Il est intéressant de remarquer à cet égard, dans la peinture hollandaise du Siècle d'or, la figure traditionnelle du fumeur de pipe, chez un Pieter Codde par exemple qui ne fume pas du tabac mais du chanvre, et dont les yeux vagues, la tête penchée et la main à la mâchoire, campe spontanément la pose canonique du mélancolique : là encore, remède et cause, affections de l'âme ou du corps se confondent. S'ajoutent à ces drogues douces des remèdes plus radicaux : l'opium, consommé sous forme de sirop ou d'opiat, la Datura et le laudanum, ce dernier prescrit à raison de deux ou trois grains par Paracelse.

Plus aimables, plus doux ou plus aromatiques sont les mélanges comme les « électuaires de gemmes, d'œillet, l'électuaire de musc, doux ou amer, l'électuaire d'Abano, le sirop de coing, de pommes, la conserve de rose, de violette, des fumeterre, d'aunée, d'orchis, de citron, les pilules d'orange confite, & c. ». [...].

La palette de la mélancolie

Y a-t-il des couleurs propres à la mélancolie ? Il y aurait, par exemple, le jaune et le vert des mélancoliques élisabéthains, la *green and yellow melancholy* dans laquelle baignent les portraits des gentilshommes aux pieds nus peints par Nicholas Hilliard ou par Marcus Gheeraerts. Ce serait oublier que la Réforme a imposé une chromophobie profonde et durable dans le domaine du vêtement et des intérieurs. Toutes les morales protestantes ont eu l'aversion la plus profonde pour la couleur, le fard, la parure. Pour Melanchthon, la couleur est une perversion. La Réforme contribue à la diffusion massive d'images en noir et blanc : dans la gravure et dans l'estampe, dans les intérieurs, mais aussi dans la parure : le gentilhomme mélancolique, prototype du dandy romantique, sera habillé de noir et de blanc.

À l'époque contemporaine, on sera tenté, habitué à une certaine musique, d'imaginer que le bleu est la couleur de la mélancolie, traduisant visuellement une sensation musicale, celle du *blues*, forme musicale d'origine noire américaine, caractérisée par une structure harmonique constante et un rythme lent à quatre temps traduisant un état d'âme mélancolique. Les *blue devils* sont les démons bleus, c'est-à-dire les idées noires, le cafard. La connotation musicale se confond avec la connotation temporelle : « l'heure bleue », c'est l'heure du crépuscule, la tombée du jour et la montée de la tristesse. La *blue note*, c'est la note abaissée vers le grave d'un demi-ton, de manière à apporter des accords mineurs dans une tonalité majeure, conférant au *blues* son caractère de mélancolie poignante.

[...] En dehors de ces épiphanies que l'art peut encore parfois offrir aux yeux, le corps de la ville moderne revêt une tonalité grisâtre, conforme à la morale protestante du rendement et du profit, non seulement en raison du processus d'obscurcissement et de salissure des matériaux, mais aussi en raison de la nature des matériaux mêmes, atones, achromes, mats, comme le béton et l'asphalte, le zinc et l'aluminium. Ce gris inerte et étouffant n'est ici et là relevé que par les traînées jaunes, orangées et sulfuriques des fumées de l'industrie et de la circulation, qui ne sont là que pour rappeler que les couleurs industrielles sont des poisons, comme autrefois dans les cabinets de curiosité était l'ellébore.

Jean Clair, in *La Mélancolie, génie et folie en Occident*, Paris, RMN/Gallimard, 2005

BIBLIOGRAPHIE

Ouvrages

– Giorgio Agamben, *Stanze*, traduit de l'italien par Yves Hersant, Paris, Bibliothèque Rivages, 1994.
– Aristote, *L'Homme de génie et la mélancolie. Le Problème XXX, 1*, traduction, présentation et notes de Jackie Pigeaud, Paris, Rivages, 1988.
– Hartmut Böhme, *Dürer,* Melencolia I *dans le dédale des interprétations*, traduit de l'allemand par Marie-France Lesouple en collaboration avec Françoise Bonnefoy, Paris, Adam Biro, 1990.
– Gabriel Bunge, *Akèdia. La doctrine spirituelle d'Évagre le Pontique sur l'acédie*, Abbaye de Bellefontaine, collection « Spiritualité orientale », nº 52, 1991.
– Robert Burton, *Anatomie de la mélancolie*, Paris, Jose Corti, 2000.
– Roger Caillois, *Les Démons de midi*, Paris, Fata Morgana, 1991.
– André Chastel, *La Tentation de saint Antoine ou le songe du mélancolique*, in *Formes, Fables et Figures*, Paris, Flammarion, collection « Idées et recherches », 1978.
– Jean Clair, *Malinconia. Motifs saturniens dans l'art de l'entre-deux guerres*, Paris, Gallimard, collection « Art et artistes », 1996.
– Jean Delumeau, *Le Péché et la peur*, Paris, Fayard, 1983.
– Sigmund Freud, *Deuil et mélancolie*, in *Métapsychologie*, traduit de l'allemand par Laplanche et Pontalis, Paris, Gallimard, collections « L'inconscient », « Folio/Essais », 1968.
– Raymond Klibansky, Erwin Panofsky et Fritz Saxl, *Saturne et la Mélancolie*, Paris, Gallimard, collection « Bibliothèque illustrée des histoires », 1989.
– Sarah Kofman, *Mélancolie de l'art*, Paris, Galilée, 1985.
– Julia Kristeva, *Soleil noir. Dépresion et mélancolie*, Paris, Gallimard, collection « Folio/Essais », 1995.
– Anne Larue, *Acedia, ou les chambres de l'esprit*, Paris, Hermann, 2001.
– Georges Minois, *Histoire du mal de vivre. De la mélancolie à la dépression*, Paris, La Martinière, 2003.
– Fölke Nordstrom, *Goya, Saturn and Melancoly. Studies in the Art of Goya*, Stockholm, Almqvist & Wiksell, 1962.
– Jackie Pigeaud, *La Maladie de l'âme. Étude sur la relation de l'âme et du corps dans la tradition médico-philosophique antique*, Paris, Les Belles Lettres, 1989.
– Maxime Préaud, *Mélancolies*, Paris, Herscher, 1982.
– Frédéric Pellion, *Mélancolie et vérité, Psychopathologie*, Paris, PUF, 2000.
– Peter-Klaus Schuster, *Das Bild der Bilder – zur Wirkungsgeschichte von Dürers Melancholiekupferstich*, in *Idea. Jahrbuch der Hamburger Kunsthalle*, I, Hambourg, Prestel Verlag, 1982.
– Jean Starobinski, *Histoire du traitement de la mélancolie des origines à 1900*, Bâle, Acta Psychosomatica, 1960.
– Jean Starobinski, *Trois Fureurs*, Paris, Gallimard, 1974.
– Jean Starobinski, *La Mélancolie au miroir. Trois lectures de Baudelaire*, Paris, Julliard, 1990.
– Siegfried Wenzel, *The Sin of Sloth: Acedia in Medieval Thought and Literature*, Chapel Hill, 1960.
– Rudolf et Margot Wittkower, *Les Enfants de Saturne. Psychologie et comportement des artistes de l'Antiquité à la Révolution française*, Paris, Macula, 1991.

Catalogues d'exposition

– *Esthétique et mélancolie*, collectif, IAV Tours, 1992.
– *Mélancolie. Génie et folie en Occident*, Paris, Réunion des musées nationaux/Gallimard, 2005.
– *Pierrot. Melancholie und Maske*, Munich, Prestel-Verlag, 1995.
– *Saturn, Melancholie, Genie*, Hamburger Kunsthalle, Hambourg, 1992.
– *Saturne en Europe*, Roland Recht et Françoise Ducros, avec des contributions de Remo Guidieri, Adalgisa Lugli, Jean Starobinski, Strasbourg, Éditions des musées de la ville de Strasbourg, 1988.

Articles

– Norbert-Bertrand Barbe, « Introduction à l'étude des Tentations de saint Antoine », *Revue de la Bibliothèque nationale de France*, nº 4, Paris, hiver 1994.
– Rémi Brague, « L'image et l'acédie. Remarques sur le premier "Apophtegme" », *Revue thomiste*, Toulouse, avril-juin 1985.
– « La Dépression. Le mal de vivre depuis 3 000 ans » (dossier), *L'Histoire*, nº 285, Paris, mars 2004.
– Yves Hersant, Jean Starobinski, Marc Fumaroli, dossier « Mélancolie », *Le Débat*, nº 29, Paris, Gallimard, mars 1984.

– « Littérature et mélancolie » (dossier), *Magazine littéraire*, Paris, juillet-août 1987.
– « Mélancolie » (dossier), *Théâtre/Public*, n° 171, Théâtre de Gennevilliers, nov.-déc. 2003.
– « Mélancolie sociale », *Sociétés. Revue des Sciences humaines et sociales*, n° 86, Bruxelles, De Boeck, 2004.
– Maxime Préaud, « L'obscure clarté de la mélancolie. Les figures de la mélancolie selon l'*Iconologia* de Cesare Ripa », *Nouvelles de l'Estampe*, n° 75, Paris, mai-juin 1984.
– Maxime Préaud, *Objets de mélancolie*, *Revue de la Bibliothèque nationale*, n° 22, Paris, hiver 1986.
– Jean Starobinski, « Le concept de nostalgie », *Diogène*, n° 54, Paris, Gallimard, 1966.
– Jean Starobinski, « Ironie et mélancolie », *Critique*, n° 227, tome XXII, Paris, Éditions de Minuit, avril-mai 1966.
– Gladys Swain, « Permanence et transformations de la mélancolie », in *Dialogue avec l'insensé*, Paris, Gallimard, collection « Bibliothèque des sciences humaines », 1994.
– Gonzague Truc, « Les états mystiques négatifs (la tiédeur, l'acedia, la sécheresse) », *Revue philosophique*, tome LXXIII, Paris, 1912.

TABLE DES ILLUSTRATIONS

COUVERTURE

OUVERTURE

CHAPITRE 1

pentélique, 70 x 45 cm. Musée national archéologique, Athènes.
20h Sarcophage des Muses, vers 150, Rome, marbre blanc, 92 x 206 x 68 cm. Musée du Louvre, Paris.
21 Banquet funèbre, deuxième moitié du IVe siècle, mosaïque provenant de la nécropole de Mnémosyne, Antioche. Worcester Art Museum.
22-23h *Les Moines veilleurs*, détail, VIe-VIIe siècle, peinture murale. Musée copte, Le Caire.
22-23b Gherardo Starnina, *La Thébaïde*, détail, vers 1410, tempera sur bois. Galerie des Offices, Florence.
24 *Les Sept Péchés capitaux dévorés et tourmentés par Satan*, 1488, peinture murale. Sanctuaire de Santa Maria degli Bisognosi, Pereto.
25 Obenheinisch, *Saint Antoine assiégé par le Démon*, 1520, 89 x 78 cm, Wallraf-Richartz-Museum, Cologne.
26 Deodato di Orlando, *Saint Jean Baptiste*, dernier quart du XIIIe siècle, tempera sur bois, 54,3 x 42,4 cm. Städelsches Kunstinstitut und Städtische Galerie, Francfort.
27 Gérard de Saint-Jean, *Saint Jean Baptiste au désert*, détail, vers 1480-1485, peinture sur bois, 42 x 28 cm. Staatliche Museen zu Berlin, Gemäldegalerie, Berlin.
28-29 Mandyn, *La Tentation de Saint Antoine*, 1540-1550, h/t, 40 x 59 cm. Coll. part.

CHAPITRE 2

30 Maître strasbourgeois, *Buste d'homme accoudé*, dernier quart du XVe siècle, tilleul polychrome, 35,5 x 26 x 22,5 cm. Musée de l'Œuvre Notre-Dame, Strasbourg.
31 Pieter Bruegel (l'Ancien), *Les Proverbes flamands*, détail, 1559, h/bois, 117 x 163 cm. Gemäldegalerie (SMPK), Berlin.
32h Barthélemy l'Anglais, *L'Homme écartelé entre les éléments*, miniature in *Livres des Propriétés des choses*, traduction de Jean Corbichon, vers 1445-1450. Bibliothèque nationale de France (BnF), Paris.
32b Maître d'Anvers, *Ici est Tristesse (Acedia)*, vers 1490-1500. Museum Maagdenhuis, OCMW Anvers, Belgique.
33 *L'Arbre des vices*, miniature du Verger de Soulas, vers 1300, manuscrit. BnF, Paris.
34-35 Hieronymus Bosch, *Les Sept Péchés capitaux*, 120 x 150 cm, détail de *L'Acedia*, 1475-1480, h/bois. Musée du Prado, Madrid.
34b *Accidia*, détail, gravure sur bois, *Die vier christlichen Zeitalter*, Allemagne, vers 1490. Kunstmuseum, Kupferstichkabinett, Bâle.
35b *Typus melancolicus*, calendrier allemand, 1480. Coll.part
36g *Ève couchée*, détail du linteau du portail nord de la cathédrale d'Autun, deuxième quart du XIIe siècle, 132 cm. Musée Rolin, Autun.
36d Nicholaus Williglielmo, *Adam*, détail du bas-relief droit du portail principal de l'église de San Zeno Maggiore, Vérone.
37 « Punition des acédiques », miniature in *Livre d'or* de Philippe le Bon, XVe siècle. BnF, Paris.
38 École italienne, *La Planète Saturne*, fragment d'un manuscrit de l'*Historia Troianorum*, vers 1350, 33 x 22,2 cm. Musée Condé, Chantilly.
39 Virgil Solis, *Saturne*, vers 1560, dessin. Germanisches Nationalmuseum, Graphische Sammlung, Nuremberg.
40h *Le Mouvement des sept planètes*, miniature in Lambertus, *Liber Floridus*, vers 1448. Musée Condé, Chantilly.
40b *Mélancoliques*, gravure in *De Conservanda bona valetudine, opusculum scholae salernitanae*, éd. Johannes Curio, Francfort, 1557. BnF, Paris.
41 *La Planète Saturne*, miniature in *De Sphaera*, 1450. Biblioteca Estense, Modène.
43 *Saturne et ses enfants*, miniature, début du XVIe siècle, Allemagne. Universitätsbibliothek, Tübingen.

CHAPITRE 3

44 Albrecht Dürer, *La Mélancolie* ou *Melencolia I*, 1514, burin sur vergé non filigrané, 24 x 18,9 cm. Musée Jenisch, cabinet cantonal des estampes, fonds Pierre Decker, Vevey.
45 Schéma *in* Agrippa de Nettesheim, *De occulta philosophia*, Anvers et Paris, 1510-1531. Coll. part.
46-47 Albrecht Dürer, *La Mélancolie* ou *Melencolia I*, détails. Musée Jenisch, cabinet cantonal des estampes, fonds Pierre Decker, Vevey.
46b Albrecht Dürer, *Polyèdre*, dessin préparatoire à la plume, 1514. Sächsische Landesbibliothek, Dresde.
48 Giovanni Mannozzi, *Laurent le Magnifique entouré d'artistes et de philosophes près de la statue de Platon*, fresque. Musée des Argenti, Palazzo Pitti, Florence.
49h et **49b** Marsile Ficin, *De vita triplici*, Venise, Amerigo Corsini, 1498, BnF, Paris.

CHAPITRE 4

Âges de l'homme, vers 1629, h/t, 96,5 x 134 cm. *Ibidem.*
80h Hendrick Bloemaert, *Démocrite et Héraclite*, XVIIe siècle, h/t, 86,4 x 103,5 cm. Coll. part.
80b Caius Gabriel Cibber, *Folie furieuse,*1676, pierre, 78 x 179 x 82 cm. The Bethlem Art and History Collections Trust, Londres.
81b Caius Gabriel Cibber, *Folie mélancolique*, *idem.*
82 Étienne Maurice Falconet (d'après), *La Mélancolie*, après 1774, biscuit de porcelaine, manufacture de Sèvres. Musée national de Céramique, Sèvres.
83h Joseph Marie Vien, *La Douce Mélancolie*, 1758, h/t, 73 x 63,5 cm, réplique du tableau peint par Vien pour Madame Geoffrin en 1756. Musée des Augustins, Toulouse.
83b *Malinconia*, planche *in* Cesare Ripa, *Della Novissima Iconologia*, Padoue, 1624-1625, gravure sur bois, 22,8 x 15,4 cm. BnF, département des estampes et de la photographie, Paris.
84 Rembrandt Harmenszoon Van Rijn, *Jérémie pleure la destruction de Jérusalem*, 1630, h/bois, 58 x 46 cm. Rijksmuseum, Amsterdam.
85 Domenico Feti, *La Mélancolie*, 1621-1623, h/t, 171 x 128 cm. Musée du Louvre, Paris.
86 Domenico Feti, *Madeleine pénitente*, h/t, 98 x 78,5 cm. Galerie Doria Pamphilj, Rome.
87 Hendrick Terbrugghen, *Melancholia*, vers 1627, h/t, 67 x 46, 5 cm. Art Gallery of Ontario, Toronto.

CHAPITRE 5

88 Johann Heinrich Füssli, *Le Silence*, vers 1799-1802, h/t, 63,6 x 51,5 cm. Kunsthaus, Zurich.
89 Charles Méryon, *Le Stryge*, 1853, eau-forte. BnF, Paris.
90 Edouard Daege, *L'Invention de la peinture*, 1832, h/t, 176,5 x 135,5 cm. Gemäldegalerie (SMPK), Berlin.
91 Sir Charles Lock Eastlake, *Le Rêve de Lord Byron*, 1827, h/t, 118 x 170 cm. Tate Gallery, Londres.
92 Caspar David Friedrich, *Le Moine au bord de la mer*, 1809-1810, h/t, 110 x 171,5 cm. Staatliche Museen, Nationalgalerie, Berlin.
93 Caspar David Friedrich, *Le Voyageur au-dessus de la mer de nuages*, 1818, h/t, 98 x 75 cm. Kunsthalle, Hambourg.
94h K. H. Merz et S. Amsler, *Patients malades dans la cour d'un asile*, vers 1834, gravure d'après Wilhelm von Kaulbach. Wellcome Library, Londres.
94b Johann Heinrich Wilhelm Tischbein, *La Grande Ombre*, vers 1805, aquarelle, 36,7 x 23,4 cm. Landesmuseum Oldenburg für Kunst und Kulturgeschichte.
95 Ambroise Tardieu, « Malade mentale », *in* Jean-Étienne Esquirol, *Des maladies mentales considérées sous les rapports médical, hygiénique et médico-légal*, Paris, J.-B. Baillière, 1838. Bibliothèque interuniversitaire de médecine, Paris.
96h Constance Charpentier, *La Mélancolie*, 1801, h/t, 130 x 165 cm. Musée de Picardie, Amiens.
96b François André Vincent, *La Mélancolie*, plume, encre noire, 35 x 23,3 cm. Musée du Louvre, département des arts graphiques (sous réserve d'usufruit), Paris.
97 Girodet-Trioson (Anne Louis Girodet de Roucy, dit), *François-René, vicomte de Chateaubriand méditant sur les ruines de Rome*, 1811, h/t, 130 x 96 cm. Musée national du château de Versailles.
98-99 Johan Tobias Sergel, dessins de la série *Histoire d'un homme dans les premiers accès d'hypocondrie*, 1795. Nationalmuseum, Stockholm.
98h *Rêve troublant*, plume, encre noire et lavis brun, 20,6 x 32,8 cm.
98b *Chercher la solitude*, plume et lavis d'encre, 20,1 x 33,1 cm.
99h *Horrible tourment*, plume, lavis d'encre, pierre noire, 20 x 33,1 cm.
99b *Cure d'eau*, plume, lavis d'encre, pierre noire, 20 x 33,1 cm.
100 Johann Heinrich Füssli, *L'Artiste désespéré devant la grandeur des ruines antiques*, vers 1778-1780, encre et sanguine, 25,8 x 20,8 cm. Kunsthaus, Zurich.
101h Johann Heinrich Füssli, *Autoportrait*, vers 1780-1790, craie sur papier, 56, 7 x 41,5 cm. Victoria and Albert Museum, Londres.
101b Odilon Redon, *Devant le noir soleil de la mélancolie, Léonor apparaît*, in série « À Edgar Poe », gravure, 16,7 x 12,7 cm. BnF, Paris.
102 Félix Nadar, *Charles Baudelaire au fauteuil Louis XIII*, avant mars 1855, photographie. Musée d'Orsay, Paris.
103h Robert Schumann, vers 1850, daguerréotype. Schumann House, Zwickau.
103m Paul Verlaine, *Arthur Rimbaud*, 1875, dessin. BnF, Paris.
103b Charles Hugo, *Victor Hugo*, 1852-1853, épreuve sur papier salé. Musée d'Orsay, Paris.
104h Francisco de Goya y Lucientes, *Caprice 43. Le sommeil*

de la raison engendre des monstres, vers 1797-1798, gouache, plume sur papier, 23 x 15,5 cm. Musée du Prado, Madrid.
104b Franz von Stuck, *Lucifer*, 1891, h/t, 161 x 152 cm. Galerie nationale de l'art étranger, Sofia.
105 Franz von Stuck, *L'Enfer*, 1908, h/t, 128 x 209 cm. Mugrabi Collection.
106 Francisco de Goya y Lucientes, *Saturne dévorant ses enfants*, 1821-1823, 146 x 83 cm. Musée du Prado, Madrid.
107h Eugène Delacroix, *La Mort de Sardanapale*, 1827, h/t, 392 x 496 cm. Musée du Louvre, Paris.
107b Eugène Delacroix, *Étude pour La Mort de Sardanapale*, 1827, encre brune, lavis brun, plume, 20,5 x 31,4 cm. *Ibidem*, département des arts graphiques.

CHAPITRE 6

108 George Segal, *Le Bar*, 1964-1966, techniques mixtes. Walker Art Center, Minneapolis.
109 Edvard Munch, *Mélancolie III*, 1902, gravure sur bois de fil, encres noire et de couleur, 44,2 x 57,7 cm, troisième état sur trois, épreuve d'essai unique. Musée des Beaux-Arts, achat, don anonyme et fonds Wake Robin à la mémoire de Nelo St. B. Harrison, Montréal.
110-111 Ferdinand Hodler, *Fatigués de vivre*, 1892, h/t, 149 x 294 cm. Neue Pinakothek, Munich.
110b *Période terminale, Délire mélancolique*, planche XIX *in* Bourneville et Regnard, *Iconographie photographique de la Salpêtrière (Service de J. M. Charcot)*, Paris, 1876-1877. Bibliothèque Charcot-La Salpêtrière, Paris.
111b *Portrait composite de huit hommes mélancoliques*, vers 1890, photographie. Archives of the American Psychiatric Association, Washington.
112h Marcel Proust, *Du côté de chez Swann*, 1913, manuscrit. BnF, Paris.
112b Une tombe du cimetière du Père-Lachaise, Paris, photographie.
113 Lou Andreas-Salomé et Rainer Maria Rilke, 1897, photographie.
114 Mario Sironi, *Femme assise et paysage. La Mélancolie*, 1927, huile sur papier, 81 x 60 cm. Civiche Raccolte d'Arte, Milan.
115 Giorgio de Chirico, *Mélancolie*, 1912, h/t, 78,5 x 63,5 cm. Estorick Collection, Londres.
116 Otto Dix, *Mélancolie*, 1930, technique mixte sur bois, 137 x 98 cm. Sammlung Landesbank Baden-Württemberg, Stuttgart.
117 Mario Sironi, *Solitude*, 1925, h/t, 103 x 85 cm. Galerie nationale d'Art moderne, Rome.
118 Antonin Artaud, *Autoportrait*, décembre 1948, crayon sur papier, 63 x 48 cm. Musée national d'art moderne / Centre Georges-Pompidou, Paris.
119 Jacek Malczewski, *La Mélancolie*, 1894, h/t, 139,5 x 240 cm. Musée national, Fondation Raczynski, Poznan.
120 Sempé, dessin in *Quelques sentiments de culpabilités*, éditions Denoël, Paris, 2001.
121 Edward Hopper, *Cinéma à New York*, 1939, h/t, 81,9 x 101,9 cm. The Museum of Modern Art, New York.
122-123 Alain Balmayer, *White Sands*, New Mexico, 1988. Collection de l'artiste.
124-125 Marcello Mastroianni dans la scène finale du film de Federico Fellini, *La Dolce Vita*, 1960.
126 Anselm Kiefer, *Mélancolie*, 1989, plomb et verre, 470 x 370 x 215 cm ; polyèdre, 62 x 70 x 70 cm. Coll. part.
127 Willy Ronis, *Île Saint-Denis, banlieue nord de Paris*, 1956, photographie.
128 Ron Mueck, *Sans titre (Gros homme)*, résine de polyester pigmentée sur fibre de verre, 203,8 x 120,7 x 204,5 cm, 2000. Hirschhorn Museum and Sculpture Garden, Smithsonian Institution, Joseph H. Hirshhorn Fund, Washington D. C.

INDEX

A

CRÉDITS PHOTOGRAPHIQUES

AKG-images 7, 41, 53, 84, 88, 100, 110-111, 113. AKG-images/Erich Lessing 3. AKG-images/Pirozzi 6. Alain Balmayer, Paris 122-123. Archivio Scala 22-23b, 117. Artothek 26, 54, 59. Artothek/Christie's Londres 80h. Bibliothèque interuniversitaire de médecine, Paris 73b, 95. Bibliothèque municipale, Lyon 17b. Bibliothèque nationale de France, Paris 32h, 33, 37, 40b, 49h, 49b, 49m, 56, 68b, 69b, 69h, 70, 71g, 83b, 89, 101b, 103m, 112h. BPK 2, 27. BPK, Berlin, Dist RMN 31, 90. BPK-photo Jörg Anders 92. Bridgeman-Giraudon 1er plat, 1, 13, 36d, 40h, 48, 51b, 61, 62h, 78-79, 93, 115. Bridgeman-Giraudon-Held 16. Christie's Images 28-29. CNAM-MNAM Distr. RMN-Philippe Migeat 118. Coll. Bouteiller 124-125. Coll. part. 18, 35b, 71d, 73m, 105. Corbis/National Gallery, Londres 77. Courtesy Galerie Paul Maenz, Cologne/photo Stiftung Weimarer Klassik und Kunstsammlungen 126. DR 39, 45, 50-51, 111b. École nationale supérieure des Beaux-Arts, Paris 72b. Eric Lessing/Magnum Photos 14, 34-35. G. Dagli Orti 62b, 64b, 65h. Graphische Sammlung Albertina, Vienne 63. Hirschhorn Museum and Sculpture Garden, Smithsonian Institution, Washington D.C. 128. Kunsthistorische Museum, Vienne 67. Kunstmuseum, Kupferstichkabinett, Bâle 34b. Landesmuseum für Kunst und Kulturgeschichte, Oldenburg 94b. M. Rassart-Debergh 22-23h. Martin von Wagner Museum, Würzburg 15. MNHN/Bernard Faye 72-73h. Musée d'Unterlinden, Colmar, photo O. Zimmermann 58. Musée de l'Ermitage, Saint-Pétersbourg 9, 76. Musée des Augustins, Toulouse/photo Daniel Martin 83h. Musée des Beaux-Arts, Montréal 109. Musée du Prado, Madrid 104h, 106. Musée Fabre, Montpellier/photo Frédéric Jaulmes 74. Musée Jenisch, Vevey 44, 46-47. Musée national Fondation Raczynski, Poznan (Pologne) 119. Musées de la Ville de Strasbourg dos, 30, 64h, 65b. Museum Maagdenhuis, OCMW Anvers, Belgique/photo Ludo Boeij 32b. Museum of Fine Arts, Boston 55. National Archeological Museum Athens/Archeological Receipts Fund 2e plat 19. National Gallery for Foreign Art, Sofia 104b. Nationalmuseum, Stockholm/photo Erik Cornelius 98-99. Patrick Léger/Éditions Gallimard 112b. Peter Moore 108. Rapho, Paris 127. Rijksmuseum, Amsterdam 52, 60. RMN 4, 96h, 96b, 97. RMN/Daniel Arnaudet 5, 85, 86. RMN/Gérard Blot 8. RMN/Hervé Lewandowski 20h, 103b, 107h. RMN/Jacques L'Hoir/Jean Popovitch 107b. RMN/M. Beck-Coppola 82. RMN/Patrice Schmidt 102. RMN/René-Gabriel Ojéda 38, 75. Roger-Viollet/Alinari 87. Sächsische Landesbibliothek, Dresde 46b. Sammlung Landesbank Baden-Württemberg 116. Saporetti-Immagini d'Arte SNC/© Comune di Milano 114. Schumann House, Zwickau 103h. Statens Museum for Kunst, Copenhague 57, 66. Tate Gallery, Londres 91. Terre Marsicane 24. The Bethlem Art and History Collections Trust, Beckenham, Londres 80b, 81b. The Metropolitan Museum of Art, New York 12. The Museum of Modern Art, New York 121. Universitätsbibliothek, Tübingen 43. UPCM. SCDM. Bibliothèque Charcot/photo P. Léger/Éditions Gallimard 110b. V&A Images, Londres 101h. Victoria and Albert Museum, Londres 11. Wallraf-Richartz-Museum, Cologne 25. Wellcome Library, Londres 17h, 94h. Worcester Art Museum 21. Zodiaque, Pierre Belzeaux 36g. © Adagp, Paris 2005 1er plat, 114, 115, 116, 117, 118, 120. © Ron Mueck, 2005 128. ©Jörg P. Anders 31. © The Munch-Museum/The Munch-Ellingsen Group - Adagp, Paris, 2005. © The George and Helen Segal Foundation - Adagp, Paris, 2005.

REMERCIEMENTS

L'auteur tient tout particulièrement à remercier Madeleine Prigent, pour ses patientes recherches dans les bibliothèques parisiennes, et Françoise Bayle, pour sa relecture attentive.
Les Éditions Gallimard remercient, à la Réunion des musées nationaux, Catherine Marquet, Geneviève Rudolf, Philippe Gournay et Alain Madeleine Perdrillat, ainsi que Marie-Liese Sztuka, au musée Picasso, Jean-Loup Champion et Valentine Vulic.

ÉDITION ET FABRICATION

DÉCOUVERTES GALLIMARD
COLLECTION CONÇUE PAR Pierre Marchand. DIRECTION Élisabeth de Farcy.
COORDINATION ÉDITORIALE Anne Lemaire. GRAPHISME Alain Gouessant.
COORDINATION ICONOGRAPHIQUE Isabelle de Latour. SUIVI DE PRODUCTION Fabienne Brifault.
SUIVI DE PARTENARIAT Madeleine Giai-Levra.
RESPONSABLE COMMUNICATION ET PRESSE Valérie Tolstoï.
PRESSE David Ducreux et Alain Deroudilhe.

MÉLANCOLIE, LES MÉTAMORPHOSES DE LA DÉPRESSION
ÉDITION Caroline Larroche. ICONOGRAPHIE Caterina D'Agostino. MAQUETTE Pascale Comte.
LECTURE-CORRECTION Jean-Paul Harris et Pierre Granet.
PHOTOGRAVURE Céladon.

Hélène Prigent travaille à la Réunion des musées nationaux.
Elle a collaboré pendant un an à l'organisation
de l'exposition *Mélancolie. Génie et folie en Occident* (Paris, Grand Palais,
13 octobre 2004-16 janvier 2005) auprès de Jean Clair. Elle est par ailleurs l'auteur,
avec Pierre Rosenberg, de *Chardin. La nature silencieuse*, dans la collection
Découvertes Gallimard (1999), de *« J'ai voulu vouloir », Paul Gauguin*
(Éditions de la Martinière/Xavier Barral, collection Voix, 2003);
elle a également collaboré au *Journal de la France et des Français*
(Gallimard, collection Quarto, 2001) et au catalogue de l'exposition
De Cézanne à Dubuffet. Collection Jean Planque (Éditions Hazan, 2001).

*Ce livre n'aurait pu voir le jour sans la confiance et le soutien de Jean Clair.
Qu'il en soit ici vivement remercié.*

*Dépôt légal: décembre 2005
Ier dépôt légal: octobre 2005
Numéro d'édition: 141791
ISBN: 2-07-030599-6
ISBN RMN : 2-7118-4967-8
Imprimé en France par Kapp*